あこがれのカフェの聖地へ

ウィーン
Wien

魅惑のカフェめぐり

Spitravel 編　Aya Tsuyuki 文

はじめに

私がウィーンのカフェに興味を持ったのは、
デーメルで食べたシュニッツェルがきっかけでした。
甘いケーキやコーヒーだけじゃない、
こんな宮殿のような素敵な場所で、
おいしい郷土料理も食べられるんだ！
と、新鮮な驚きがあったことを覚えています。

そのカフェが、小さな頃から捨てられずに
ずっと大切に保管していた猫ラベルの
チョコレートボックスの本店だと気がついたとき、
私はコーヒーなんて飲めなかった子供の頃から
ずっとこのカフェのとりこだったのだと、
なんだか運命的なものを感じてしまったのです。

それから縁あってオーストリア暮らしが始まり、
たくさんのウィーンのカフェのドアを開きました。

"カフェの周りにできた街"ウィーンには
市内に2000ものカフェがあるといわれています。

それぞれのカフェにそれぞれのストーリーがあり、
楽しみ方もまた、訪れる人それぞれ。

この本ではそんな多種多様なカフェのなかから、
とくに心がときめく72店を選びました。
"ときめき"は、おいしいものへの探求心だったり、
歴史や文化への知的好奇心だったり、
美しいものへのあこがれだったり、さまざまです。
さらに、女性の旅行客がひとりでも心地よく過ごせて、
なるべく不定期な休みがないお店を取り上げています。

貴重な滞在時間を満喫できるように、見どころや名物メニュー、
お土産に買いたいグッズなども紹介します。

この本を片手にあなただけの
お気に入りのカフェを見つけてみませんか？
一度ウィーンのカフェに足を踏み入れれば、
あなたもその歴史を紡ぐ登場人物のひとりです。

Aya Tsuyuki

ウィーン 魅惑のカフェめぐり

2	はじめに
4	Contents
8	SPEISEKARTE ウィーンの定番カフェメニュー
11	**CHAPTER 1** おいしいウィーンを味わう 王道カフェ・コンディトライ
12	デーメル
14	ハイナー
16	オーバーラー
18	アイーダ
20	ズルーカ
21	ゲルストナー
22	*Column* チョコレートBOXコレクション
23	**CHAPTER 2** ウィーンの歴史と文化に浸る 伝統カフェハウス
24	ツェントラル
26	ラントマン
28	シュペール
30	グリーンシュタイドル
32	フラウエンフーバー
34	ディグラス
36	モーツァルト
38	シュヴァルツェンベルク
39	アルト・ウィーン

40	イェリネク
41	ベラリア
42	ムゼウム
43	ドムマイヤー
44	プリュッケル
45	ブロイナーホフ
46	ティロラーホフ
47	リッター
48	ザッハー・ウィーン
49	インペリアル
50	*Column* 伝統カフェハウスを彩る名脇役

51 **CHAPTER 3** 新カルチャーの発信地
こだわりの個性派カフェ

52	ホーフリーファランテン
54	パルメンハウス
56	ザ・ゲストハウス
58	ハヴェルカ
59	クライネス・カフェ
60	カフェ・コルプ
61	ナーバー・カフェ
62	フィル
63	ダス・ムーベル
64	クンストカフェ
65	ハース&ハース
66	ゲドゥーンズ
67	カフェ・ネコ
68	*Column* ウィーンのお気に入り SHOP LIST

69 **CHAPTER 4** 心と体をリフレッシュ
ヘルシーおしゃれカフェ

70 ヤヤズ

72 デリ・ブルーム

73 ハレ

74 ティアン・ビストロ（クンストハウス）

75 ロウ・ショップ

76 ナッシュマルクトのカフェ
（ネニ、ナッシュマルクト・デリ、テヴァ、オリエント・オクシデント）

79 **CHAPTER 5** 観光の合間にひと休み
とっておきのカフェいろいろ

80 カフェ・グロリエッテ

82 カイザーパヴィリオン

84 美術史美術館ミュージアムカフェ

85 レオポルト

86 ゾネントア

87 ルゲック・フィグルミュラー

88 ル・ボル

89 シュタットカフェ

90 ペリカン

91 モットー・アム・フルス

92 マイエライ

93 アメアリンクバイスル

94 ジェラテリア・ラ・ロマーナ

95 トゥルツェスニエフスキー

96 *Column*　オーストリア流 おしゃれなお酒の楽しみ方

97 **CHAPTER 6** ちょっと足をのばして
　　ザルツブルクのカフェ

98 ザルツブルクへのんびり小旅行
100 220グラート
102 エム 32
103 シュタインテラッセ
104 シャッツ
105 フィンガーロス
106 フュルスト
107 マンナー
108 カルペ・ディエム
109 ザッハー・ザルツブルク
110 カフェ・アム・カイ
111 ペピータ
112 *Column* 　ザルツブルクのおすすめ SHOP LIST

113 もっと知りたい
　　ウィーンのあれこれ

114 カフェめぐりをもっと楽しく
118 ウィーンライフをもっと楽しく
120 オーストリアの四季の楽しみ
121 *Column*　ウィーンカフェヒストリー
122 旅の基本情報
124 map［ウィーン市街図／ウィーン中心部／ザルツブルク］

ウィーンってどんな街？　オーストリア共和国の首都。人口約183万人。面積約415km²。第1次世界大戦まではハプスブルク家の君主が統治するオーストリア＝ハンガリー帝国の首都として栄えた。23の行政区に分かれており、「リンク」と呼ばれる環状道路の内側と周辺に見どころが集中している。公用語はドイツ語だが、英語でも不自由はない。（旅の基本情報は122ページ）

Speisekarte

ウィーンの定番カフェメニュー

ウィーンのカフェで提供されるコーヒーは、定番だけでも10種類以上。豆の種類ではなく、ミルクの割合や入れるリキュールの種類などによってウィーンならではの名前が付けられているのが特徴です。大きめのカフェでは本格的なウィーン料理も味わうこともできます。

Kaffee　　　　　　　　　　　　　　　　　　　　　　　　　コーヒー

Melange
メランジェ

モカと泡立てたホットミルクを半分ずつ入れたもの。一番の定番コーヒー。

Einspänner
アインシュペナー

ダブルエスプレッソに生クリームを盛ったもの。名前は「1頭立ての馬車」の意味。

Mokka (Kleiner / Großer)
モカ

エスプレッソのこと。シングルとダブルがある。

Brauner (Kleiner / Großer)
ブラウナー

少量のミルク付きで提供されるモカ。ミルクが入った状態で提供される場合も。

Kleiner Schwarzer
クライナーシュヴァルツァー

モカよりもさらに濃いエスプレッソ。

Verlängerter
フェアレンガーター

お湯で薄めたエスプレッソ。割合は1:1が多い。

Portion Kaffee
ポーションカフェー

ポットに入って提供されるコーヒー。ミルク付き。

Türkischer Kaffee
トゥルキッシャーカフェー

トルココーヒー。ブロンズの小鍋で水から煮立てたコーヒーの上澄みだけ飲む。

Café Latte
カフェラテ

泡立てたミルクとエスプレッソ。割合は2:1が多い。グラスで提供される。

Franziskaner
フランツィスカーナー

生クリームのせミルクコーヒー。フランシスコ会修道士の衣の色にちなんで命名。

Mozart Kaffee
モーツァルトカフェー

チョコ風味のモーツァルトリキュール入りのコーヒー。ピスタチオソースがけ。

Irish Coffee
アイリッシュコフィー

アイリッシュウィスキーと砂糖入りのコーヒーに生クリームをのせたもの。

Maria Theresia
マリアテレジア

オレンジリキュール入りコーヒーに生クリームをのせたもの。

Fiaker
フィアカー

砂糖とラム酒入りのコーヒー。ラム酒漬けのチェリーがトッピングされる。

Eiskaffee
アイスカフェー

冷ましたコーヒーにアイスと生クリームをのせたもの。夏限定のカフェも多い。

SUPPEN　　　　　　　　　　　スープ

Gulaschsuppe
グラーシュズッペ

ハンガリーのグヤーシュ由来のスープ。スパイス控えめがウィーン風。

Frittatensuppe
フリタッテンズッペ

細切りのクレープが入ったコンソメスープ。上にはパセリや小ネギを。

Leberknödelsuppe
レバークヌーデルズッペ

レバーと野菜、パン粉を丸めた団子が入ったコンソメスープ。

HAUPTSPEISEN　　　　　　メイン料理

Wiener Schnitzel
ヴィーナーシュニッツェル

子牛肉にゼンメル粉をつけて揚げたカツレツ。豚や鶏肉を用いることもある。

Tafelspitz
ターフェルシュピッツ

牛肉と野菜のブイヨン煮込み。皇帝フランツ・ヨーゼフ1世の好物だった。

Gulasch
グラーシュ

角切りの牛肉をパプリカで煮込んだビーフシチュー。

Fiakergulasch
フィアカーグラーシュ

グラーシュに目玉焼きやソーセージ、クヌーデル（パンの団子）を入れたもの。

Eiernockerl
アイアーノッケル

小麦粉を練ってゆでた団子状のパスタを、卵であえてソテーしたもの。

MEHLSPEISEN　　　　小麦粉のデザート

Apfelstrudel
アプフェルシュトゥルーデル

シナモンと煮たリンゴをごく薄い生地で巻いて焼いたウィーン風アップルパイ。

Kaiserschmarrn
カイザーシュマルン

一口サイズに崩したパンケーキ。粉砂糖と、ベリーやリンゴのジャムをかける。

Topfenstrudel
トプフェンシュトゥルーデル

カード（フレッシュチーズの一種）をごく薄い生地で巻いて焼いたケーキ。

Palatchinken
パラチンケン

ウィーン風クレープ。あんずなどのジャムを包み込んだものが多い。

Topfenknöedel
トプフェンクヌーデル

フレッシュチーズのゆで団子を、パン粉やシナモンであえたお菓子。

Marillenkuchen
マリレンクーヘン

バター生地に半割りのマリレン（あんず）を敷き並べた平らなケーキ。

Guten Appetit!

Chapter 1

おいしいウィーンを味わう
王道カフェ・コンディトライ

　カフェ・コンディトライとはカフェスペースのある洋菓子店のこと。ここではKellnerin（ケルナリン）と呼ばれる女性スタッフが接客を担当するのがしきたりです。コンディトライの顔はあくまでも各店こだわりのスイーツですが、サンドイッチやサラダなど、実は"しょっぱいもの"がおいしいお店も多いです。洋菓子店なのに、朝食やランチ、さらには本格ディナーまで味わえる、そんなカフェ・コンディトライを紹介します。看板の双頭の鷲、店名に冠するK&K（Kaiserlich und Königlich ＝ 帝国＆王国）の称号は王室御用達の証です。

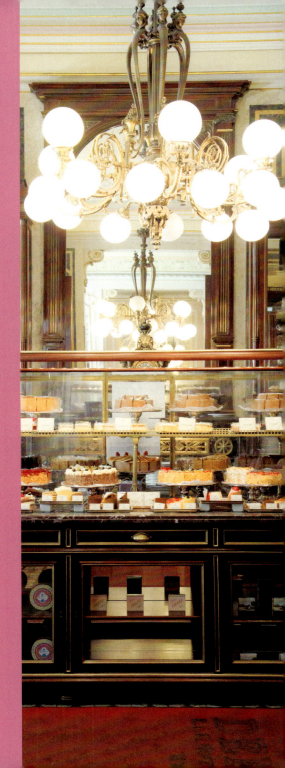

K.u.K. Hofzuckerbäcker Demel
デーメル

ハプスブルク家に愛され続けてきた
ウィーンを代表する名店

「アンナトルテ」は3代目女主人アンナの名前がつけられたデーメルの看板ケーキ。オレンジリキュールがたっぷり入っていて、フランツ・ヨーゼフ1世の大好物だったとか。ダイエットに熱心だったシシィことエリザベート皇妃も夢中になったスイーツたち

1) 黒い制服のデーメルレディーが立つショーケースでケーキを選ぶ 2) サラダやシュニッツェルなどの料理もおいしいので、ぜひチェックして！ 3) ハウスコーヒーはクリームやミルクが別についてくるので、好みの飲み方ができる

ホーフブルク王宮のお膝元、掲げられた看板からもただならぬ風格が漂うデーメル。「デーメルを訪れずしてウィーンを語るなかれ」と言われるほど。フランス革命の3年前、1786年に創業。かつては王宮劇場とデーメルには直通の地下道があり、まさに王宮御用達として王侯貴族に愛されてきた。1888年、王宮劇場の移転にともない、ホーフブルク王宮そばのKohlmarkt（コールマルクト）通りに移り、現在も19世紀末の雰囲気をそのまま残している。うやうやしく並ぶスイーツは、フランツ・ヨーゼフ1世が愛したトルテや、エリザベート皇妃が夫フランツへの誕生日プレゼントに贈ったジャムなど、一つひとつにロマンチックなストーリーが隠されているのも名店デーメルならでは。

CHECK

バロック様式のショップにはウィーン工房がデザインした美しいパッケージのお菓子が

住所　Kohlmarkt 14, 1010
電話　(01) 53517170
営業　9:00～19:00（料理は11:30～17:45）
URL　http://www.demel.at
MAP　P126-B2

K.u.K. Hofzuckerbäcker L. Heiner
ハイナー

アンティークの食器でいただく
昔ながらの甘いデザート

1) 広々とした2階席からはケルントナー通りの歴史ある建物を眺められる 2) ラテはグラス入りがウィーン流 3) クリームやリキュールがたっぷりしみたスポンジを砂糖で包んだプチデザートはガツンとくる甘さ。メランジェと一緒に

1階は地元の常連客がふらりとケーキを買いに来るアットホームな雰囲気。民族衣装風の制服が、ハイナーの優しい空気によく合う。トルテやチョコの種類もいろいろ。夏には店先にシャニガルテン（テラス席）ができてにぎわう

1840年の創業以来、家族経営で代々受け継がれてきたハイナー。フランツ・ヨーゼフ1世に愛され、1977年にはオーストリア共和国から国家賞を授与された由緒あるコンディトライ。花柄の壁、青い小花の模様が描かれたアンティークの食器、店頭に飾られた動物や果物のマジパン、民族衣装風の制服……すべてが愛らしくあたたかみがある。ケーキはどれもこっくりとした昔ながらの甘さで、砂糖やバタークリーム大好きのウィーンっ子に長く愛されてきた味。創業時はパン屋だったこともあり、サンドイッチやクラプフェン（揚げパン）などもおいしい。観光客にはケルントナー通りのお店が利用しやすいが、創業店はWollzeile（ヴォルツァイレ）通りにある。

Check
青い小花柄の陶器の皿やカップは、代々大切に使われてきたアンティーク食器

住所　Kärntnerstraße 21-23,1010
電話　(01) 5126863
営業　月～土曜 8:30～19:30、
　　　日曜・祝日 10:00～19:30
URL　http://www.heiner.co.at
MAP　P126-C2

CHAPTER 1 † KONDITOREI

Konditorei & Restaurant Oberlaa
オーバーラー

洗練されたモダンな雰囲気が魅力
地元で評判のコンディトライ

チョコの矢羽模様が美しい「エステルハージィ・シュニッテ」(ナッツ入りバターケーキ) は看板ケーキのひとつ。軽い甘さが欲しいいときは「ヒンベア・ムーン・デザート」(キイチゴのムース) を。店内はゆったりしたソファ席でくつろげる

長〜いショーケースにケーキがずらり！どれもおいしそうで選ぶのが難しいほど。プチサンドイッチなどの軽食もあり、甘いものとしょっぱいものが両方楽しめる。人気のランチセットは、ラビオリやパイなどメインメニューが選べる

　1974年創業、ウィーン市内を中心に複数の支店を持つ人気コンディトライ。ケーキのデザインやラッピングにも洗練されたモダンな魅力があり、記念日のケーキや贈答用のお菓子として、ウィーンの人々に重宝されている。ケーキやお菓子はすべてウィーン郊外の自社工場で作られ、近年はグルテンフリーのケーキなど、時代のニーズに合わせた新商品も。1985年に開店したNeuer Markt（ノイヤーマルクト）広場のお店は、観光客や地元の人でいつも大にぎわい。とくにスープ、メイン、ミニケーキがセットになったランチが好評で、昼時は席を見つけるのに苦労するほど。ランチのミニケーキは本当にミニサイズなので、甘いものが好きな人はデザートをもう一品注文したいところ。

Check

チョコレートも種類豊富でどれもリッチな味わい。箱も美しいのでプレゼントにぴったり

住所　Neuer Markt 16, 1010
電話　(01) 51329360
営業　8:00 〜 20:00
URL　http://www.oberlaa-wien.at
MAP　P126-C2

Café-Konditorei Aida
アイーダ

ピンクのキッチュな世界が魅力！
ウィーン市内に支店多数

1) ベリーがゴロゴロのった、さっぱりとした甘さのアイスパフェ Sommertorten Coupe(ゾマートルテン・クープ) 2) ケーキは小さめのサイズが人気 3) レトロな雰囲気の２階席からは、シュテファン寺院の広場が見下ろせる

1) チーズパイにメランジェのアイーダ朝食セット 2) スタッフの制服もピンク。それぞれが自己流にアレンジして着こなしている。こちらの女性はスカートの裾からレースをのぞかせているのがポイント 3) コーヒーマシンもピンク！

100年を超える歴史を持つ老舗でありながら、他の伝統的なカフェとは異なるレトロポップな魅力を放つアイーダ。その特徴は何といっても「アイーダピンク」と呼ばれるシンボルカラー。包装や紙ナプキンだけでなく、制服やコーヒーマシンまで淡いピンクでまとめられ、一度足を踏み入れるとキッチュな世界のとりこになる。パフェや小さめのケーキもキュンとくるかわいさ。こんな一見乙女な雰囲気のカフェでも、常連のおじいさんがのんびり新聞を読んでいたりするのが、ウィーンらしいところ。シュテファン寺院前のお店はいつも観光客でいっぱい。もし満席だったら、同店から運河方面にまっすぐ歩いて5分ほどのRotenturmstraße(ローテントゥルムストラッセ)のお店へ。

CHECK

モーツァルトやシシィが描かれたボックス入りチョコは友達へのお土産にぴったり！

住所　Singerstraße 1
電話　(01) 8908988210
営業　月～金曜 7:00～22:00、
　　　土～日曜・祝日 8:00～22:00
URL　http://aida.at
MAP　P126-C2

CHAPTER 1 † KONDITOREI

Conditorei Sluka
ズルーカ

ロゴ入りのチョコがのったクリームトルテは、ジャム入り。店内はバロック調で、外から見ても美しい。市庁舎を間近に見るシャニガルテンも趣がある

地元の常連客が多いコンディトライ
食事もしっかりできるお店

　1891年創業。市庁舎のすぐ裏にあり、1896年には王室御用達の称号を受けた名店。甘さ控えめの軽いケーキが中心。軽食メニューの充実ぶりは、コンディトライのなかで随一。店内奥のショーケースから、キッシュやローストビーフなど好きなメニューを選ぶスタイル。ソースやサイドディッシュと一緒に盛り付けられ、カゴ入りの3種のパンとともに運ばれてくる。ボリューム満点なのでこれだけで立派なディナーになる。

CHECK
甘くてやわらかいホワイトアスパラがたっぷりのローストビーフ巻きは人気メニュー

住所　Rathausplatz 8,1010
電話　(01) 4057172
営業　月〜金曜 8:00〜19:00、
　　　土曜 8:00〜17:30（日曜・祝日休み）
URL　http://www.sluka.at
MAP　P126-A1

ゲルストナー
Gerstner K. & K. Hofzuckerbäckerei

1) 開店直後と平日18時半以降が比較的すいている　2) 見た目も美しいカップケーキ
3) 軽食のおすすめは日替わりスープ。写真はズッキーニのポタージュ

シシィの愛したスイーツがここに！
観光客であふれる超有名店

　にぎわうケルントナー通りでもひときわ目をひく、気品あふれるロイヤルブルーの看板。1847年創業、1873年には王室御用達の称号を受け、かつてはお菓子だけでなく料理も宮廷に提供していた。伝統のトルテを守るだけでなく、お花をモチーフにしたカラフルなカップケーキを売り出すなど、時代に合わせて進化しているのも、変わらぬ人気の理由。店内の壁には創業者のゲルストナー夫妻の肖像画が飾られている。

CHECK
シシィこと皇后エリザベートが愛したスミレの砂糖菓子は、ウィーン土産の超定番

住所　Kärntner Straße 13-15, 1010
電話　(01) 51249630
営業　月～土曜 8:30～20:00、
　　　日曜・祝日 10:00～18:00
URL　http://www.gerstner.at
MAP　P126-C2

❀ *Column* ❀

チョコレートBOXコレクション

ウィーンはチョコレートの宝庫！中身のおいしさもさることながら、その包装紙や箱にも、各店のこだわりが見えるのが芸術の都らしいところ。あまりに魅力的で、箱をコレクションするためにチョコを買ってしまうこともしばしば。

Demel
デーメル

ウィーン工房のアーティストがデザインした箱や包装紙は一級の芸術品。美しいもの好きなエリザベート皇后が思わずまとめ買いしてしまった気持ちもよくわかります。
http://www.demel.at

Oberlaa
オーバーラー

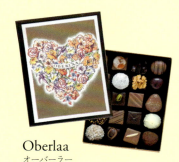

洗練されたモダンなデザイン。季節ごとに変わる期間限定ボックスも。一つひとつ丁寧に詰められたチョコは、オーバーラーの工房で専門の職人によって作られています。
http://www.oberlaa-wien.at

Altmann & Kühne
アルトマン&キューネ

分離派の一員で、ウィーン工房の創設者であるヨーゼフ・ホフマンが内装を手がけた老舗菓子店。その美しいパッケージはまるで宝箱のよう。引き出しを開けると「リリプット菓子」と呼ばれるミニチュアのチョコが宝石のように並んでいます。
http://www.altmann-kuehne.at

Julius Meinl
ユリウス・マインル

ユリウス・マインルは一流食材がそろう高級デリカテッセン。スティックタイプのミルクチョコが詰まったボックスは、ロゴがスタンプのように配されたポップでかわいいデザイン。中のチョコは甘すぎずなめらかで日本人好みの味。
http://www.meinlamgraben.at

Leschanz
レシャンツ

猫柄の箱の中には、Katzenzungen（カッツェンツンゲン）と呼ばれる猫の舌の形に似たチョコが。前身はボタン専門店だったことからボタン形のチョコが名物ですが、そのパッケージにもかわらしいボタンがあしらわれています。
http://www.leschanz.at

Chapter 1 † KONDITOREI

CHAPTER 2
ウィーンの歴史と文化に浸る
伝統カフェハウス

オスマン帝国に「コーヒーを提供する社交場」というものが誕生したとき、そこはコーヒーの家（カフェハウス）と呼ばれていました。ウィーンのカフェハウスは、17世紀に第1号が登場。以降、"給仕は黒服の男性"、"落ち着きある店内に大理石のテーブルと曲げ木のイス"など、いくつかのしきたりや様式美を固持して、独自の文化を育んできました。ここでは古くは18世紀、新しくても第2次世界大戦前に開業し、50ページで挙げるカフェハウスらしさのチェックポイントを複数満たすカフェを「伝統カフェハウス」として紹介します。

Café Central
ツェントラル

文豪や芸術家が常連
宮殿跡の文学サロンカフェ

1) ヴェネチア建築をイメージしてデザインされたという高いヴォールト天井。戦後復刻されたものだが、アーチの美しさは当時のまま 2) 店内中央のショーケースに色とりどりのケーキがぎっしり 3) ふわふわの「カイザーシュマルン」は焼き上がりに20分かかる

奥の壁には皇帝フランツ・ヨーゼフ1世と皇后エリザベートの肖像画が。「バイタル朝食セット」は野菜とフルーツがたっぷり。「ツェントラル・カフェ」はアプリコットリキュールとホイップクリーム入り

　1876年、フェルステル宮殿の一部を利用して誕生したカフェ。エゴン・フリーデルをはじめ多くの文豪が常連で、ここで作品を生み出した。中でも詩人のペーター・アルテンベルクは、郵便物のあて先をこのカフェにしたほど入り浸っており、彼をしのんで作られた人形は、今やこのカフェのアイコン的存在になっている。文士の集まるサロンとして栄え、政治談議や文学論を戦わせていた名残か、ツェントラルは今でも、世界各地の新聞や雑誌を250ほどそろえていることでも有名。観光地化している感も否めないが、宮殿跡の荘厳な空間で、彩り美しいケーキやウィーン料理を優雅に堪能できる、満足度の高いカフェであることは間違いない。夜はピアノの生演奏もある。

Check

この店を書斎としていたペーター・アルテンベルクが玄関で迎えてくれる

住所　Herrengasse 14, 1010
電話　(01) 5333763
営業　月～土曜 7:30～22:00、
　　　日曜・祝日 10:00～22:00
URL　http://www.palaisevents.at/
　　　cafecentral.html
MAP　P126-B1

Café Landtmann
ラントマン

俳優や政治家などセレブが愛する
エレガントな社交場カフェ

チョコムーストルテは、甘さ控えめで食後のデザートにぴったり。料理はどれもおいしく、サイドディッシュにもこだわりを感じる。「ヴィーナー・アート」はふっくらとしたフライドチキンで、付け合わせのポテトはバターとハーブがいい香り

ここに来たらこのカップで飲みたい、金の持ち手とロゴが美しい「ヴィーナー・メランジェ」のカップ。夏は外の席で市庁舎を眺めながら、レモンとミント入りのゲシュプリッツァー(白ワインの炭酸割り)を。店内入り口左手にはラントマンの顔ともいえるケーキが誇らしげに並んでいる

　1873年に「ウィーンで最も大きくエレガントなカフェ」として誕生したラントマン。市庁舎、国会議事堂、ウィーン大学、そしてブルク劇場に囲まれ、政治家や俳優などセレブに愛され続けているこのカフェでは、ウィーンらしい上品で知的なムードを存分に味わうことができる。広いシャニガルテンからはフィアカー(観光馬車)が見えるが、かつてフランツ・ヨーゼフ１世も、観劇に訪れた際にはこの場所に馬をとめていたとか。ウィーンで最も多くのカフェを経営するクヴェアフェルト家が、最初にオーナーを務めたカフェとしても有名。そのためウィーンには、ラントマンと同じイラストメニューやレシピを用いる、いわゆる「ラントマン系列」とされるカフェが多い。

Check

迷ったら名物トルテ３種のミニセット Wiener Trio(ヴィーナー・トリオ)を

住所　Universitätsring 4,1010
電話　(01) 24100100
営業　7:30〜24:00(無休)
URL　http://www.landtmann.at
MAP　P126-A1

Chapter 2 † Traditional

シュペール

古いものを守っていく大切さを教えてくれる
情緒あふれるカフェハウス

土・日曜の午後はピアノの生演奏が。「アイアーノッケル」などウィーン料理も味わえる。華やかなケーキや料理はないが、内装からもメニューからもまさに古典的なウィーンのカフェらしさを感じることができる

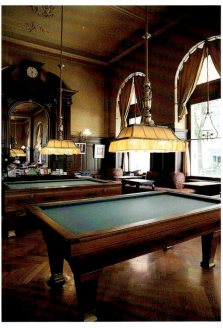

入り口付近は、作曲家のフランツ・レハールなど芸術家たちの指定席だった。アイスと生クリームたっぷりのアイスカフェは夏の人気メニュー。寒い日には優しい味のスープが体を温めてくれる。使い込まれたすべての調度品が「歴史あるものの美しさ」を教えてくれる

　1880年創業。ユーゲンシュティール（アールヌーボー）以前の19世紀の建築様式が、見事に残るカフェハウス。老朽化にともなう修復は行われているが、そのたびに創業当時の姿を忠実に再現してきた。インテリアはランプシェイドやソファカバーの柄にいたるまで1880年当時のまま。18～19世紀にかけては主流だったカフェのビリヤード台も現在ではめずらしくなったが、ここでは現役で存在感を放っている。130年以上にわたる歴史の中で、軍人から芸術家まで、常連だった著名人は枚挙にいとまがない。近年でも、作家でジャーナリストのイェルク・モウテら文化人のよりどころとなっている。夕暮れ以降は通りも静かになり、ノスタルジックな雰囲気がいっそう増すのでおすすめ。

Check

シャンデリアのフォルムや、窓枠の上の天使など、見れば見るほど細部の美しさに気づく

住所　Gumpendorferstraße 11, 1060
電話　(01) 5864158
営業　月～土曜7:00～23:00、
　　　日曜11:00～20:00（7～8
　　　月は日曜休み）
URL　http://www.cafesperl.at
MAP　P125-C2

CHAPTER 2 † TRADITIONAL

Cafe Restaurant Griensteidl
グリーンシュタイドル

100年の時を経て王宮前に復活した
まさに「伝説のカフェ」

王宮からの光が差し込む店内。焼き菓子の一部は、経営母体が同じデーメルから提供されている。王宮前広場を眺めながら、ワインレッドのイスに座っていただくケーキとコーヒーは、この店ならではの味わいがある

半熟のゆで卵がおいしいグリーンシュタイドル朝食セットを食べたら、いざウィーン観光へ！目の前の広場はフィアカー（観光馬車）の停留所。客の入れ替わりが激しい人気店だが、新聞棚にはいつも新聞や雑誌が整然と並んでいる

王宮ミヒャエル門の目の前、高級店の集まる優雅なエリアに堂々と店を構えるグリーンシュタイドル。1847年、元薬剤師のハインリッヒ・グリーンシュタイドルによってオープン。創業の翌年にウィーン革命が勃発し、反体制派の市民が集結する「国民カフェ」となった。その後は小説家でジャーナリストのフェリックス・ザルテンら、作家や思想家の集まる文学カフェとして栄えたが、市街の開発にともない、1897年に一度その幕を閉じる。約100年後の1990年に「伝説のカフェ」として、同じ場所に復活したのが現在の姿。木製のケーキ棚やトーネットチェア（曲げ木のイス）など、レトロな内装はできるだけ創業当時を再現した。歴史に名を馳せた名店の風格を、今でもたしかに感じることができる。

CHECK

肉料理やワインなども充実しているので、王宮前で優雅な食事を楽しむ場所として使える

住所　Michaelerplatz 2,1010
電話　(01) 53526920
営業　8:00～23:30
URL　http://www.cafegriensteidl.at
MAP　P126-B2

CHAPTER 2 † TRADITIONAL

Café Restaurant Frauenhuber
フラウエンフーバー

本格的なオーストリア料理が堪能できる
ウィーンで一番古いカフェ

ここではやはり、王道の「アプフェルシュトゥルーデル」をデザートにしたい。決してフレンドリーではないが、変わらぬ姿で働くベテランケルナーに会うたびに、不思議と心が落ち着く。店内にはシャンデリアやステンドグラスが上品な輝きを放つ

1)皇帝フランツ・ヨーゼフ1世の好物だった「ターフェルシュピッツ」 2)「フィアカーグラーシュ」は半熟目玉焼きと食べるとマイルドに 3)熱々のマッシュルームフライはビールによく合う！

　ケルントナー通りの喧騒から逃れた小道に、現存するウィーン最古のカフェがある。創業は1788年。もともとはマリア・テレジアのおかかえ料理人、フランツ・ヤーンが貴族相手に開業した宮廷レストランだった。その歴史を裏付けるように、ウィーンのカフェレストランの中でも料理へのこだわりはピカイチ。ここで食事をするためにウィーンへ行きたいと思うほど。宮廷レストラン時代にたびたび音楽会が開催されたというサロンでは、モーツァルトやベートーベンが演奏したことでも知られ、クラシックファンにとっては聖地のような場所。とびきりおいしいオーストリア料理とともに、「歴史を紡ぎ続ける」というウィーンカフェの神髄をかみしめることができる。

CHECK

料理に合うお酒も充実。ホイリゲワイン（1年未満の新酒）も飲めるのがうれしい

住所　Himmelpfortgasse 6,1010
電話　(01)5125353
営業　月～土曜8:00～24:00、
　　　日曜・祝日10:00～22:00
URL　http://www.cafefrauenhuber.at
MAP　P126-C2

Café Diglas
ディグラス

ウィーンの「カフェごはん」はここから
できたての自家製ケーキもおいしい

ディグラスが面するヴォルツァイレ通り
は、製菓用品を扱う専門店も多く、スイ
ーツ好きが集まるエリア。キラキラした
イチゴタルトはこのカフェの雰囲気にぴ
ったり。クラシカルな店内を、カラフル
なエスプレッソカップや季節のオーナメ
ントがポップに彩っている

1) ディグラスの「マリアテレジア」はマリレン（あんず）のリキュール入り 2) スタッフいちおしのステーキサンドイッチは、ハーブソースをつけるとまた違った味わいに 3) 焼きたてのゼンメルパンにマーマレードジャムとゆで卵のシンプルな朝食セット

シュテファン寺院の裏手、昔ながらのかわいい雑貨店や菓子店が並ぶヴォルツァイレ通りで、ピンクの壁がひときわ目を引く。1875年からレストラン事業などを手がけてきたディグラス家が、1923年に開店した歴史あるカフェ。コーヒーと焼き菓子など、シンプルなメニューが定番だった業界の常識を破り、ディグラスは「カフェハウスでありながら、気軽においしい食事が楽しめる店」を目指した。いわゆる「カフェごはん」の先駆者的存在で、ソースやスパイスにこだわったオリジナルメニューが充実。もちろんケーキも評判で、中央のカウンターには、いつもできたてのケーキが次々と追加されている。その上のテレビ画面では、ケーキがキッチンで手作りされる様子を見ることができる。

Check

アンティークのレジスターやスカートのようなランプ笠など、レトロなインテリアにも注目！

住所　Wollzeile 10,1010
電話　(01) 5125765
営業　8:00〜22:30
URL　http://www.diglas.at
MAP　P126-D2

Café Mozart
モーツァルト

とにかくモーツァルトづくし！
季節の味覚が味わえる限定メニューも

ラントマン系列のカフェの一つで、ケーキは基本的にラントマン（P26）と同じだが、やはりここでモーツァルトトルテを食べると、特別に気分が高まるというもの。ピスタチオクリームが浮いたモーツァルトカフェを一緒に頼めば完璧！

Eierschwammerl（アイアーシュヴァンメル／アンズタケ）のサラダは、夏から秋にかけての限定メニュー。オーストリアの季節の味覚を気軽に楽しめるカフェとしてもおすすめ。わからないことはスタッフが親切に教えてくれる

創業は、モーツァルトの死後3年めの1794年。実は本人とつながるエピソードはとくにないのだが、1929年に国立オペラ座のすぐ裏手、音楽の都ウィーンの一等地に移転してきたこのカフェには、偉大な音楽家の名前がぴったり。ロゴにはモーツァルトの横顔、店内には肖像画や楽譜が飾られ、ファンにはたまらない空間だが、単なる観光客向けの店とあなどるなかれ。シャンデリアが輝く優雅な店内で、黒服のケルナーがサーブする料理やケーキを堪能できる正統派カフェであり、とりわけ季節ごとのメニューはレストラン顔負けのおいしさ。1825年にウィーンで初めて大きなシャニガルテン（テラス席）を設けたことや、1949年公開の映画『第三の男』に登場するカフェとしても有名。

CHECK

名物「モーツァルトカフェ」には濃厚なチョコ菓子のモーツァルトクーゲルンがついている

住所　Albertinaplatz 2,1010
電話　(01) 24100200
営業　8:00～24:00
URL　http://www.cafe-mozart.at
MAP　P126-C3

Cafe Schwarzenberg
シュヴァルツェンベルク

現在の姿は第2次世界大戦後に修復されたものだが、19世紀末の空気が十分に感じられる。グラーシュなどウィーン料理も充実していて味もいいと評判

Check
チキンサラダには、オーストリア名物のかぼちゃの種オイルがたっぷりかかっている

コンサートの余韻に浸る人が集まる
リンク沿いで一番古いカフェ

　1861年にリンク(街の中心部を囲んでいる幅広い環状道路)沿いに初めて誕生したカフェ。学友協会やコンツェルトハウスからも近く、コンサートの前後に立ち寄る人が多い。木〜日曜日の夜はピアノの生演奏があり、古くからコンサートカフェとしても栄えた。ウィーン工房を主宰したヨーゼフ・ホフマンが自分の仕事場のように利用していたことでも知られている。1979年に修復が行われ、現在の姿になった。

住所　Kärntner Ring 17,1010
電話　(01) 5128998
営業　月〜金曜7:30〜24:00、土〜日曜8:30-24:00
URL　http://www.cafe-schwarzenberg.at
MAP　P125-D2

Kaffee Alt Wien
アルト・ウィーン

濃厚なグラーシュにはモチモチのゼンメルパンがつく。手前が喫煙で、奥は禁煙。おじさんケルナーがいつも明るく迎えてくれる

グラーシュを食べるならここ！
老若男女に支持されるシブいカフェ

　絶品グラーシュで有名なアルト・ウィーン。「今日はコーヒーだけにしよう」と思っていても、フレンドリーなおじさんケルナーに「グラーシュでしょ？」と言われると、ついつい頼んでしまう魅惑の一皿。店内手前の薄暗いバーエリアは、おじさま率高し。奥は年齢層が下がり、女性の旅行客ひとりでもくつろげる。ウィーンで開催されるイベントのポスターがところ狭しと貼られているので、情報収集の場としても使える。

Check
昔は実際に使われていたビリヤード台。大きめのテーブルとなって今も活躍している

住所　Bäckerstraße 9, 1010
電話　(01) 5125222
営業　月 ～ 日曜 10:00 ～ 26:00
　　　（無休）
URL　なし
MAP　P126-D1

Chapter 2 † Traditional

Café Jelinek
イェリネク

常連客が自宅の居間のようにくつろげる店内。自家製のケシの実トルテもほっとする味。「急ぐ人には対応しません」という看板は、心落ち着けて過ごしてほしいというメッセージ

CHECK
100年以上前から今も使われている暖炉が、このカフェの"おうち感"を演出している

カフェハウスと呼ぶにふさわしい
自宅のようにくつろげる場所

　静かな小道に佇むイェリネク。長らくカフェの顔だったオーナーのクナップ夫妻は2003年に惜しまれつつ引退してしまったが、新オーナーに代わってからも常連客の姿は変わらず。最近はOberösterreich（アッパーオーストリア）で2007年に誕生した新進気鋭のコーヒー豆店Suchan Kaffee（ズーヒャン・カフェー）と提携してオリジナルブレンドの豆にこだわるなど、一見変わらぬ姿に見えて、実は日々進化し続けている。

住所　Otto-Bauer-Gasse 5, 1060
電話　(01) 5974113
営業　9:00 ～ 21:00
URL　http://cafejelinek.steman.at
MAP　P125-C2

CHAPTER 2 † TRADITIONAL

Café Bellaria
ベラリア

高いドーム形の天井とシャンデリアが美しい店内。中央はバーになっている。バニラクリームに浮かぶトプフェンシュトゥルーデルは、スフレのような優しい味

皇帝が愛した散歩道に建つカフェ 映画ファンにも人気

　フランツ・ヨーゼフ1世が、王宮からまっすぐ続く通りを散歩道として気に入り、イタリア語で「気持ちのいい空気」を意味するBellaria（ベラリア）と名付けた歴史あるストリート。この通りにあるカフェ・ベラリアは、映画監督のフランツ・アンテルがたびたび撮影の拠点とした場所としても有名で、今でも多くの映画ファンが集う場所になっている。ここの黒服ケルナーたちは、とてもフレンドリーで親切。

CHECK
場所は自然史博物館のちょうど裏手。博物館めぐりのあとの休憩場所としてもおすすめ

住所　Bellariastraße 6,1010
電話　(01) 5235320
営業　月〜金曜 7:30〜24:00、
　　　土曜10:00〜24:00、日曜
　　　11:00〜21:00
URL　http://www.cafebellaria.at
MAP　P126-A2

Café Museum
ムゼウム

ケーキはラントマン(P26)のものだが、店が変わるとなんだか違うケーキに見えてくる。アイスカフェにマンナー(P107)のウエハースがつくのもラントマン系列ならでは

クリムトやシーレなど
芸術家たちが拠点としたカフェ

　セッセシオン（分離派会館）のほど近くにあるムゼウムは、かつてグスタフ・クリムトやエゴン・シーレなどウィーン分離派の芸術家たちのたまり場だったカフェ。1899年創業、モダニズム建築家のアドルフ・ローズが設計した内装は、1931年にヨーゼフ・ゾッティによりクラシカルな雰囲気に改装され、さらに2003年に原点回帰的にモダンなインテリアに再改装された。とどまることなく変化し続ける姿勢に、かつてここに通いつめた革新派の芸術家たちの魂を感じる。

CHECK
レジ横にはウィーンで人気のキャンディーショップや紅茶店の注目商品も並んでいる

住所　Operngasse 7,1010
電話　(01) 24100620
営業　8:00 ～ 24:00、料理は
　　　11:00 ～ 23:00
URL　http://www.cafemuseum.at
MAP　P125-C2

CHAPTER 2 † TRADITIONAL

Cafe Dommayer
ドムマイヤー

中心部の喧騒を逃れた、優雅な佇まい。ケーキはすべて系列のオーバーラー(P16)のもの。宮殿を目の前に昼間からビールとソーセージをいただく至福のひととき

シェーンブルン宮殿のすぐそば
「ワルツ王」のデビューの地

　1787年創業。前身のドムマイヤー・カジノ（食事を楽しみながら音楽会が開催される場所）時代の1844年に、ここでヨハン・シュトラウス2世がデビューしたことで知られている。そのきらびやかな歴史を今でも感じさせる店内は、紳士淑女の社交場といった気品あふれる雰囲気。シェーンブルン宮殿のすぐそばだが、いわゆる正門からはやや離れていて、地下鉄のHietzing（ヒーツィンク）駅から近い。

CHECK

入り口にも店内にもヨハン・シュトラウスのレリーフや絵、楽譜などが。ファンは必見

住所　Dommayergasse 1, 1130
電話　(01) 87754650
営業　7:00 ～ 22:00
URL　http://www.oberlaa-wien.at/standort-13
MAP　P124-A3

Café Prückel
プリュッケル

1) ズッキーニと羊チーズのシュトゥルーデル（パイ風の料理）は、行くたびに頼んでしまうお気に入り 2) まるでパフェのようなプリュッケル・アイスカフェ 3) 店内手前が禁煙席

デザインを学ぶ学生たちの憩いの場
レトロなインテリアが人気

　応用美術館と美術大学の向かいのカフェ。家具やテキスタイルなどデザイン作品を展示する美術館と、それを学ぶ大学の目の前ということもあってか、創業1903年の老舗ながら、常にフレッシュでオープンな活気がある。入り口やトイレの周りにはアートイベントのポスターやチラシがたくさん置かれ、最新デザインの発信地としての役割も果たしてきた。店内は50年代の内装がそのまま残るレトロな雰囲気。

Check
ショーケースのケーキもここではデザインの一部。一つずつお皿にのせて整然と並んでいる

住所　Stubenring 24,1010
電話　(01) 5126115
営業　8:30～22:00（12月24～26日は休み）
URL　http://www.prueckel.at
MAP　P125-D2

Café Restaurant Bräunerhof
ブロイナーホフ

地元の常連さんたちが思い思いに過ごす店内。週末の午後にはピアノと弦楽器の三重奏が。生クリームが山盛りのアインシュペナーを、ベルンハルトも飲んだかも……

アンティークショップが並ぶエリア
週末には生演奏も

　王宮の裏手、アンティークショップが並ぶエリアをそぞろ歩いていると、Stallburggasse(シュタルブルクガッセ)の通りに面して佇む、ブロイナーホフの赤茶の看板が目に入ってくる。作家トーマス・ベルンハルトが常連だったことでも知られるカフェ。あの複雑な心理描写の作品が、こんなのどかなカフェで誕生したかと思うと感慨深い。ウィーン料理も食べられるが、他のカフェより閉店時間が早めなので要注意。

CHECK
どっしりと大きな肉団子が入ったレバークヌーデルズッペは、塩加減が絶妙！

住所　Stallburggasse 2, 1010
電話　(01) 5123893
営業　月～金曜 8:00 ～ 20:30、
　　　土～日曜 10:00 ～ 18:30
URL　なし
MAP　P126-C2

Cafe Tirolerhof
ティロラーホフ

プラムの酸味と生クリームの相性が最高のプラムケーキ。読みさしのままテーブルに残されていた新聞を、常連らしきおじさんが自然に手に取りまた席につく

CHECK
熱々のチーズとハムを黒パンで挟んだ「ティロラーホフ・トースト」は常連さんに人気

レトロな焼き菓子ケースから出される自家製ケーキがおいしい

　オペラ座の裏手にひっそりと佇むようにあるティロラーホフ。窓からは行き交う馬車が見え、きびきびと働く黒服のケルナーや、木製の焼き菓子ケース、大理石の丸テーブルなど、静かな店内でくつろいでいると、まるでタイムスリップしたような気分になる。古典的な雰囲気の中にも、花柄のソファや花びらのようにかたどられた窓枠など、そこかしこに愛らしさがあり、女性ひとりでもゆったりと過ごすことができる。

住所　Führichgasse 8,1010
電話　（01）5127833
営業　月～土曜 7:00～22:00、
　　　日曜・祝日 9:30～20:00
URL　なし
MAP　P126-C3

Café Ritter
リッター

オリジナルのウィーン朝食セットには、フルーツサラダをつけるのがおすすめ。自家製のケーキは卵の優しい味がして、ふんわり軽め

ロココ時代の建物と50年代の調度品
気高くクラシカルなカフェ

　1867年創業の「騎士」という名前のカフェ。政治家のフリードリヒ・アドラーや画家のルドルフ・フォン・アルトなど、ウィーンの歴史を彩ってきた名士たちが常連として名をつらねている。時の流れをそのまま閉じ込めたような静かでクラシカルな空間。建物自体はロココ期に建てられたといわれており、うっとりするほど美しいしっくい天井が今も残されている。

CHECK

50年代の上質な調度品にも注目。これが目当てのインテリアファンもいるほど

住所　Mariahilferstraße 73, 1060
電話　(01) 5878238
営業　月～土曜7:30～22:00、
　　　日曜9:00～21:00
URL　http://www.caferitter.at
MAP　P125-C2

Café Sacher Wien
ザッハー・ウィーン

名物のザッハートルテは生クリームをたっぷりつけていただく。シャンパンやミニトルテがセットになった「ザッハー朝食」は、ウィーンの優雅な朝にぴったり

オリジナルのザッハートルテを
名乗れるのはここだけ！

　ウィーンの高級ホテルの代表格「ザッハー」の１階にあるカフェ。深紅の絨毯（じゅうたん）、輝くシャンデリアなど、まるで宮殿にいるような優雅な気分に浸れる。名物のザッハートルテは今やウィーンを代表するケーキだが、もともとはコック見習いだった16歳の少年フランツ・ザッハーが、急病の上司に代わって急きょ晩餐会（ばんさんかい）用に考案したのが始まり。チョコスポンジの間にアプリコットジャムが挟んであるのが特徴。

Check
ケルントナー通りに面したショップでは、スイーツのほかカップなどグッズも購入できる

住所　Philharmonikerstraße 4, 1010
電話　(01) 514560
営業　8:00〜深夜
URL　http://www.sacher.com
MAP　P126-C3

48　　Chapter 2 † Traditional

Café Imperial Wien
インペリアル

格式あるホテルでいただくトルテやウィーン料理は格別の味。伝統料理の「ターフェルシュピッツ」も肉がやわらかく、なんとも上品な一皿

皇帝に献上されたトルテを
高級ホテルのカフェで

　1863年に公爵の館として建てられたネオ・ルネサンス式の宮殿が、高級ホテルとして生まれ変わったのが1873年のこと。ホテルの代名詞ともいえるのが、「インペリアルトルテ」。アーモンド生地とチョコバターをマジパンで包み、ミルクチョコでコーティングした甘いキューブ。もともとフランツ・ヨーゼフ1世に献上するために作られた銘菓を、ホテル1階のカフェではエレガントなムードとともに堪能できる。

CHECK
日持ちするインペリアルトルテは持ち帰りOK。ピスタチオクリーム入りのモーツァルト味も

住所　Kärntner Ring 16, 1050
電話　(01) 50110389
営業　7:00 〜 23:00
URL　http://www.cafe-imperial.at
MAP　P125-C2

CHAPTER 2 † TRADITIONAL

❦ *Column* ❦
伝統カフェハウスを彩る名脇役

古典的なカフェハウスにはその文化を支える名脇役たちがいます。これらすべてがそろっていなくても、いくつかあればいわゆる伝統的なウィーンのカフェといえるでしょう。各店のこだわりやカラーが垣間見えるアイテムでもあります。

銀のトレー＆水

コーヒーを注文すると、銀のトレーにコーヒーカップと水のコップがセットで出てくるのが定番。ヨーロッパのカフェやレストランでは水は有料ですが、ウィーンの伝統的なカフェでは客がゆっくりとくつろげるように水が無料で提供されます。オーストリアの飲料水の水源はアルプスの湧水。おいしく安全に飲むことができます。

黒服のウェイター

Ober（オーバー／給仕長）あるいは Kellner（ケルナー／給仕）と呼ばれる黒服の男性が給仕をします。呼ぶときはミスターを意味する Herr をつけて Herr Ober（ヘア オーバー）と言うのが一般的。一方、カフェ・コンディトライでは Kellnerin（ケルナリン）と呼ばれる女性が給仕を担当します。

新聞と雑誌

古くから情報収集や政治談議の場として発展してきたウィーンのカフェ。コーヒー以上に新聞や雑誌を目当てにカフェを訪れる常連客も。店内には木製のハンガーにかかった新聞がずらりと並び、小さな店でも最低3紙、大きな店では200以上の新聞と雑誌が常時そろえられています。

大理石のテーブルとトーネットチェア

大理石のテーブルとその横に並ぶトーネット社の曲げ木のイス。これぞウィーンの正統派カフェといった光景です。

自家製焼き菓子のショーケース

Mehlspeisen（メールシュパイゼン）と呼ばれる、小麦粉を使った自家製ケーキを並べるケース。ケーキの名前がわからなかったら、ケースを指さして注文。

コートかけ

冬の寒さ厳しいウィーンではコートかけはカフェのマストアイテム。最もオーソドックスなのは曲げ木のスタンドタイプ。

シャニガルテン

外にテーブルやイスを並べた、いわゆるテラス席のこと。晴れた日はシャニガルテンから席が埋まっていきます。

ビリヤード台

今は貴重な存在になりつつありますが、街にカフェが増え始めた17世紀末から18世紀は、ビリヤード台やカードゲーム台を備えた店が主流でした。

Chapter 3
新カルチャーの発信地
こだわりの
個性派カフェ

2章で紹介したような伝統カフェハウスが、今も変わらず人々から大切にされている一方で、「ウィーンのカフェらしさ」に縛られずに新たな試みを続けるカフェも増えています。ここで取り上げるのは、1939年以降に開店した個性派カフェ。そのこだわりや挑戦が、"古き良きウィーン"を愛するちょっと保守的なウィーンの人々にも受け入れられた人気店です。ウィーンの新しい文化や芸術の発信地となっている注目の13店。私個人としても思い入れの強いお店ばかりです。

K. u. K. Hoflieferanten
ホーフリーファランテン

王室御用達の老舗がコラボ！
宮殿内にオープンした注目店

店名のホーフリーファランテンとは、ずばり「王室御用達」という意味。その名にちなんで店内の壁にはハプスブルク家の人々が描かれた絵が飾られ、窓からはオペラ座が見える。1階にはおいしそうなチョコやマカロンがずらり。ロゴ入りグッズも人気のアイテム

郵 便 は が き

104-8233

お手数でも
郵便切手
をお貼り
ください

東京都中央区京橋3-7-5
京橋スクエア11F

実業之日本社

「愛読者係」行

ご住所 〒

お名前

メールアドレス

ご記入いただきました個人情報は、所定の目的以外に使用することはありません。
実業之日本社のプライバシー・ポリシー（個人情報の取扱い）は、
以下のサイトをご覧ください。http://www.j-n.co.jp/

お手数ですが、ご意見をお聞かせください。

この本のタイトル		
お住まいの都道府県	お求めの書店	男・女 歳

ご職業　　会社員　会社役員　自家営業　公務員　農林漁業 　　　　　医師　教員　マスコミ　主婦　自由業（　　　　　） 　　　　　アルバイト　学生　その他（　　　　　　　　）

本書の出版をどこでお知りになりましたか？ ①新聞広告（新聞名　　　　　　　　　）②書店で　③書評で　④人にすすめられて　⑤小社の出版物　⑥小社ホームページ　⑦小社以外のホームページ

読みたい筆者名やテーマ、最近読んでおもしろかった本をお教えください。

本書についてのご感想、ご意見（内容・装丁などどんなことでも結構です） **をお書きください。**

どうもありがとうございました

このはがきにご記入いただいた内容を、当社の宣伝物等で使用させていただく場合がございます。何卒ご了承ください。なお、その際に個人情報は公表いたしません。

スミレの砂糖漬けが飾られたアイスサンデーSisi Eisbecher（シシィ・アイスベッヒャー）は、ぜひ食べたい一品。2階にはシャンパンバーも。ロイヤルブルーの上品なカップやミルクピッチャーなどは1階のショップで購入できる

老舗菓子店「ゲルストナー」（P21）と、国内最古で最大手のスパークリングワインメーカー「シュルムベルガー」。古くから王室御用達として発展した2つの名店が提携して、ハイセンスなカフェをオープンした。場所はかつて貴族や名士が集まるサロンのあったトデスコ宮殿。伝統的な空間にモダンなセンスを持ち込んだ今注目のカフェは、玄関からすでにエレガントなムード満点。メニューはゲルストナーのケーキのほかに、パフェやサンドイッチなどの軽食も。1階のショップには、包装にもこだわりを感じるお菓子や飲み物が並び、ウィーンの新しい手土産やギフトとして評判。バッグやエプロンなどオリジナルグッズも豊富で、ショップだけでものぞいてみる価値あり！

CHECK

スパークリングワイン付きで朝から優雅な気分に浸れる、週末限定の朝食セット

住所　Kärntnerstraße 51,1010
電話　(01) 316652800
営業　10:00～23:00
URL　http://www.kuk-hoflieferanten.at
MAP　P126-C3

Palmenhaus
パルメンハウス

王宮庭園の中にある皇帝の植物園
ウィーン唯一の温室カフェ

10mを超える天井まで伸びる熱帯植物が、エキゾチックなムードを演出。ミルクコーヒーに泡立てミルクがのった「パルメンハウスコーヒー」は看板メニューのひとつ。昼頃からケースに並ぶケーキの種類が増えてくる。コクのある甘さのトルテが多い

香ばしい黒パンやサクサクのハニークラッカーなど、シンプルだがこだわりを感じる朝食セット。オーストリア産のゼクト（スパークリングワイン）とともに。建物自体の美しさも圧巻で、ウィーンの芸術史を語るうえでも欠かせない場所

ホーフブルク宮殿の前に広がるブルクガルテン（王宮庭園）。現在は公園として市民の憩いの場となっているこの場所に、皇帝が私的に建てた植物園が残っている。1998年にその一部を改修して、約2000軒のカフェがあるウィーンでも唯一の「温室内カフェ」が誕生した。店の両端は今も植物園として公開されており、温室の窓にはひらひらと舞う蝶の影が。店内は高い天井まで熱帯植物が生い茂り、目の前には王宮庭園の芝生が広がる、開放的でなんとも気持ちのいい空間。1901年に建てられたこのガラスの温室は、ユーゲントシュティール（19世紀末芸術）の典型的なスタイルで、建築物としても見応えあり。カフェ自体はカジュアルで若い人や親子連れも多い。

Check

庭園内のモーツァルト像と、ト音記号をかたどった花壇もどうぞお見逃しなく！

住所　Burggarten 1, 1010
電話　(01) 5331033
営業　月〜木曜 11:30〜24:00、
　　　金曜 10:30〜25:00、土曜
　　　9:00〜25:00、日曜・祝日
　　　9:00〜23:00
URL　http://www.palmenhaus.at
MAP　P126-B3

The Guest House Brasserie & Bakery
ザ・ゲストハウス

コンランデザインのホテルカフェ
焼きたてパンとチーズが評判!

モチモチの焼きたてパンがカゴにこんもりと5種類、評判のチーズもたっぷりのBurggarten Breackfast(ブルクガルテン・ブレックファスト)は名物の朝食セット。バーカウンターで朝のコーヒーを1杯飲んで出勤する常連さんの姿も

店内中央にはインテリア雑誌や、おしゃれなタウンペーパーが。自家製のケーキを味わいながら、ウィーンの最新ショップやカフェをチェック。公園の多いウィーンにはぴったりのピクニックセットサービスも（要事前予約）

　きめ細かなホスピタリティーが評判のホテル「ザ・ゲストハウス」は、ウィーン滞在時の宿泊先としておすすめ。その1階にあるカフェレストランも、サービス、味ともに質が高いことで注目を集めている。とくに人気ベーカリーGragger（グラガー）のレシピを取り入れた焼きたてパンと、料理長が厳選した農家から仕入れるチーズは絶品。パンとチーズにうるさいウィーンの人たちも太鼓判を押すレベルの高さ。それらを存分に堪能できる朝食セットは、朝食といいながら23時まで注文できるところもユニーク。コンランがデザインしたホテル＆レストランは、スタイリッシュだが、随所にあたたかみも感じさせる居心地のいい空間。夜はバーとして利用する人も多い。

CHECK

ホテルの部屋は鳥のランプやオーガニックハーブのルームスプレーなど細部までおしゃれ

住所　Führichgasse 10, 1010
電話　(01) 5121320
営業　6:30 〜 24:00
URL　http://www.theguesthouse.at
MAP　P126-C3

Café Leopold Hawelka
ハヴェルカ

照明がところどころ消えているのは、いつものこと。ロゴ入りカップやオリジナルのコーヒー豆も販売しているが、家ではこの味わい深いメランジェはなかなか淹れられない

カフカやヘンリー・ミラーも通った
戦後ウィーンを代表するサロン

　第2次世界大戦が始まった1939年に開店して以来1度も改装していないハヴェルカ。このカフェにはたしかに、常連の芸術家たちやオーナーのハヴェルカ親子が代々紡いできた時間や情熱が宿っている。薄暗い店内にメニューはなく、壁に小さな手書きの黒板があるだけ。ちょっと敷居が高いと感じる人もいるかもしれないが、この独特な空気感こそハヴェルカの、そして奥深いウィーンのカフェの魅力そのもの。

CHECK
20時頃に焼きあがる名物「ブフテルン」はプラムジャム入りの絶品菓子パン

住所	Dorotheergasse 6, 1010
電話	(01) 5128230
営業	月～水曜 8:00～24:00、 木～土曜 8:00～25:00、 日曜・祝日 10:00～24:00
URL	http://www.hawelka.at
MAP	P126-C2

クライネス・カフェ
Kleines Café

この外観と、広場に面したシャニガルテン（テラス席）はウィーンの名物風景。テラスの方が店内よりも広い。香ばしい黒パンのサンドイッチ（オープンサンド）が人気

CHECK
塩気やマスタードの効いたおつまみ系のメニューが多い。夜はバーのような雰囲気に

芸術家たちに愛され続ける
ミニチュアサロン

「小さなカフェ」という店名のとおり、テーブルわずか5席の小さなカフェ。開店当時は現在よりさらに半分のサイズだった。エメラルドグリーンの外観はフランツィスカーナー広場のシンボル的存在で、1970年の開店以来、芸術家たちのたまり場。映画『恋人までの距離』（原題 : Before Sunrise）のロケ地としても有名。この界隈はおしゃれなセレクトショップやアクセサリー店なども多く、そぞろ歩くのが楽しいエリア。

住所　Franziskanerplatz 3,1010
電話　非公開
営業　月〜土曜10:00〜26:00、
　　　日曜13:00〜26:00
URL　なし
MAP　P126-D2

Cafe Korb
カフェ・コルプ

1) 大きめのグラスにコアントローがたっぷり入った濃厚なマリアテレジアは、寒さ厳しい冬のウィーンの気つけ薬 2) 雑然と置かれた新聞がこの店らしい

訪れるたびに元気がもらえる
レトロな穴場カフェ

CHECK
お茶目なケルナーさんたちが迎えてくれる。いつも口が動いているけれど仕事はプロ！

　1950年代のインテリアが、レトロな雰囲気を演出しているカフェ。いつも明るく給仕してくれる、ベテランケルナーたちとの交流もここでの楽しみのひとつ。シュテファン寺院からほど近いわりに観光客が少ない穴場なので、のびのびと自由な時間を過ごせる。スタッフのノリも、ピンク色の表紙のメニューもファンキーだが、アプフェルシュトゥルーデルやスープなど、伝統的なウィーン料理がそろっていて味も好評。

住所　Brandstätte 9, 1010
電話　(01) 5337215
営業　月〜土曜 8:00〜24:00、
　　　日曜・祝日 10:00〜24:00
URL　http://www.cafekorb.at
MAP　P126-C1

ナーバー・カフェ
Naber Kaffee

ヴィップリンガー通りのお店では、奥のソファ席でじっくりとコーヒーを味わえる。写真左下、繊細なクレマが浮かぶエスプレッソは、コクがあるがすっきりとした味わい

ウィーンの「サードウェーブ」
新時代を牽引するアロマコーヒー

　ウィーンのカフェでは古くから、ユリウス・マインル社の豆を使う店が多かったが、「ザ・ゲストハウス」(P56)など新顔のカフェでは、ナーバーの豆を使用する店が急増中。ナーバー自体は1908年創業の老舗だが、こちらのカフェは1955年に開店。近年の食の多様化に合わせて豊かな香りを追求する姿勢が、現代ウィーンのコーヒーラバーからあらためて支持されているらしい。

CHECK
ここではぜひコーヒー豆を買って帰りたい。開封したときの香りにうっとり！

住所　Wipplingerstraße 25,1010
電話　(01) 5330343
営業　月〜金曜8:00〜18:00(土〜日曜・祝日休み)
URL　http://www.naberkaffee.com
MAP　P125-C1

Phil フィル

自家製のキャロットケーキは優しい甘さで、シナモンの香りが効いている。本だけでなく雑貨やCDなども。どれが飾りでどれが売り物かわからないような自由な雰囲気が魅力

本や雑貨がところせましと並ぶ居心地のいいブックカフェ

独自のセンスでセレクトされた本が棚にずらりと並び、フロアにはタイプの異なるイスやソファ、テーブルが点在。このちょっと雑然とした感じが、本好きの友達の家に遊びに来たような気分になり、不思議と居心地がいい。カフェとしてお茶やケーキを楽しむだけでなく、ユニークな書店としてふらりと訪ねてみるのもいい。ウィーンっ子たちに交じって、肩ひじはらずにのびのびと過ごしたい場所。

Check

オーストリア出身アーティストのCDや、おしゃれなウィーンガイド本なども並んでいる

住所 Gumpendorferstraße 10 - 12,1060
電話 (01) 5810489
営業 月曜17:00～25:00、火～日曜9:00～25:00
URL http://phil.info
MAP P125-C2

Das Möbel
ダス・ムーベル

1) ホームメイドケーキは日替わり。この日はアーモンドとキャラメルがたっぷり入ったビターチョコのタルト。コーヒーは「ナーバー」(P61)のもの。地図柄の壁紙も売り物 2) クリエイターの作業や打ち合わせの場としても利用されている

デザイナーなどクリエイターが集まる家具のギャラリーカフェ

　ムーベルとは家具の意味。ここはカフェであると同時に、家具クリエイターの新作発表の場も兼ねている。店内で使われているイスやテーブルなど、ほとんどのインテリアはその場で購入可。国内のみならずヨーロッパ中の作家の作品が集まり、日々入れ替わっているので、訪れるたびに新しい出会いや発見が。もともと家具工房やアトリエの多いシュピッテルベルク地域らしい、クリエイティブで刺激的な空間。

CHECK
よく見るとすべてのインテリアに値札が。照明にも値札が下がっていて購入できる

住所　Burggasse 10, 1070
電話　(01)5249497
営業　月～金曜14:00～24:00、
　　　土・日曜10:00～24:00
URL　http://dasmoebel.at
MAP　P125-C2

Kunst-Café im Hundertwasserhaus
クンストカフェ（フンデルトヴァッサーハウス）

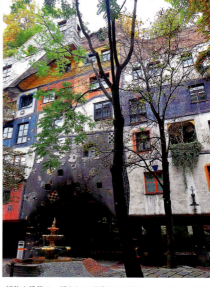

植物も建築の一部としてデザインされている。カフェの中も外観に劣らず派手でエキゾチックな雰囲気。レジ前のスペースでは、オリジナルのコーヒー豆や香水などのグッズも販売

ウィーンの観光名所にもなっている
大胆な芸術建築の中のカフェ

　オーストリア出身の芸術家、フンデルトヴァッサーがデザインした市営住宅の1階にあるカフェ。大胆な色彩と曲線を描く壁が特徴的な「フンデルトヴァッサーハウス」は、現在も住居として使われているため、中の見学はNG。ただし併設のクンストカフェを利用すれば、貴重な芸術内部やフンデルトヴァッサーのインタビューを収めた興味深いビデオを、コーヒーとともにじっくり鑑賞することができる。

CHECK
入り口の噴水は地元の人たちの憩いの場。この奥に小さなインフォ＆ショップがある

住所　Löwengasse 41-43, 1030
電話　(0650) 7138620
営業　10:00 ～ 18:00
URL　http://caffee.hundertwasserhaus.org
MAP　P125-D2

Teehaus Haas & Haas
ハース&ハース

紅茶は無着色・無香料で、とくにフルーツティーが評判。隣接するティーハウスには150種以上の茶葉や茶器がそろう。お土産にはシシィのローズティーやシロップが人気

ウィーンで紅茶といえばここ！
世界各国の料理も楽しめる

CHECK

飲茶と焼きそばにお茶が付いた中華朝食セットは、朝だけでなく終日注文できる

　1974年創業、ウィーンの名門紅茶店。シュテファン寺院のすぐそば、16世紀には修道院として使われていた建物の中にある。一歩店内に入ると、観光地の中心にいるとは思えないほど、静かな時間が流れている。緑あふれるテラス席は、まさに都会のオアシスといった雰囲気。紅茶は約70種から選べるので、あれこれ迷ってしまう。しかも中華や和食など、世界各国30種以上の料理が朝から食べられるというめずらしいカフェ。

住所　Stephansplatz 4, 1010
電話　(01) 5122666
営業　月～土曜8:00～20:00、
　　　日曜・祝日9:00～18:00
URL　http://www.haas-haas.at
MAP　P126-D2

Gedöhns
ゲドゥーンズ

アーティストの感性が光る壁の装飾。不ぞろいの食器も、ここではとてもおしゃれに感じられる。メニューは日替わりで、家庭的なあたたかみの中にプロの技が光る絶品ばかり

芸術家で菓子職人のシェフによる
おいしい隠れ家的カフェ

　テーブルはわずか4つ、小さなカウンターキッチンだけの隠れ家的カフェレストラン。いつも常連さんでにぎわっているので、初めは入りにくいかもしれないけれど、みんなフレンドリーなのでご心配なく！ 芸術家で菓子職人というシェフが作るオリジナル料理やケーキは、一度食べたら忘れられないおいしさ。カウンターの向こうで唐突に始まるシェフの料理講座に耳を傾けるのも、楽しいひととき。

Check

路面電車1番 Hetzgasse 下車。Löwengasse 沿いのピンクのフラミンゴが目印

住所　Löwengasse 42, 1030
電話　(0676) 4132903
営業　11:30 ～ 22:00
URL　facebook：Gedöhns
MAP　P125-D2

Chapter 3 † Unique

Cafe NEKO
カフェ・ネコ

内装もメニューもキャットタワーも、すべてが石光さんの手作りで、ぬくもり感じる店内。日当たりのいい窓際の席で、メインクーンのモリッツくんとハーブティーをいただく至福のひととき

あまりのかわいさに帰れなくなる
ウィーンっ子に絶大な人気の猫カフェ

　欧米で猫カフェブームの先駆けとなった、その名もずばり「ネコ」。在オーストリア歴20年以上の石光貴子さんが、「お世話になったオーストリアに恩返しがしたい。知られていない日本文化を広めたい」と2012年にオープンしたお店。緑茶やおにぎりなど、メニューにも日本らしさが。もちろんコーヒーや紅茶も楽しめる。現在は5匹のかわいい猫たちが、のんびりと出迎えてくれる。猫好きの人は絶対行くべし！

CHECK
プチケーキ「クリームにゃんこ」は、浅草名物の人形焼きをイメージして作ったそう

住所　Blumenstockgasse 5,1010
電話　(01) 5121466
営業　10:00 ～ 20:00
URL　http://www.cafeneko.at
MAP　P126-D2

✣ *Column* ✣

ウィーンのお気に入り SHOP LIST

カフェめぐりの合間に気軽に立ち寄れる素敵なお店をご紹介します。お土産から日用品まで、行くたびについついお財布のひもが緩んでしまうお気に入りのショップです。

グリューネ・エアデ　Grüne Erde（コスメ）

オーストリア発の上質なオーガニックコスメ店。愛用のマッサージオイルは、ローズマリーやミントの香りがさわやかで、肌もしっとり。

Mariahilferstraße 11, 1060／(07615)203410／月～水曜9:30～19:00、木～金曜9:30～19:30、土曜9:30～18:00（日曜・祝日休み）／http://www.grueneerde.com

ドライフラワー入りの入浴剤はギフトにもぴったり！

カッツァー　A. Katzer（文具・雑貨）

カードや紙ナプキンなど、ヨーロッパらしいペーパーアイテムがたくさん。9月頃から並ぶアドベントカレンダーはどれも素敵で選べない！

Wollzeile 5, 1010／(01) 5126278／月～土曜9:45～18:00（日曜・祝日休み）／http://www.akatzer.at

スタンプやノートもかわいい。ウィーンらしいお土産も買えます

ヘアツィライン　Herzilein（子供服・手芸）

かわいいテキスタイルが人気の子供服店Herzilein。その生地やリボン、ボタンが買える店舗。もちろん大人用に買ってもOK。

Amerlingstraße 8, 1060／(0676) 6577107／月～金曜10:00～19:00、土曜10:00～18:00（日曜・祝日休み）／http://www.herzilein-wien.at

12ユーロでプロ用のミシンが使えるサービスも

ケットナー　Kettner（ブティック・民族衣装）

オーストリアの民族衣装を扱うブティック。カラフルな民族衣装はコンサートなどにも着ていける正装で、眺めているだけでも楽しい。

Plankengasse 7, 1010／(01) 5132239／月～金曜9:30～18:30、土曜9:30～17:00（日曜・祝日休み）／http://www.kettner.com

Tシャツやバッグなど普段使えるアイテムも

CHAPTER 4

心と体をリフレッシュ
ヘルシー
おしゃれカフェ

健康や環境への関心が高いオーストリア。スーパーに行くと「BIO」とマークのついた製品がずらりと並ぶ専用棚が目に入ります。BIO（ビオ）とは、有機農産物や有機加工食品のこと。そもそもオーストリアはアルプス山脈のお膝元で、蛇口をひねって出てくるのはアルプスの湧水。そんな恵まれた土地柄を存分に生かし、ウィーンでは近年、地元の素材をふんだんに使ったBIOカフェやレストランが増えています。ここでは、健康志向の現代ウィーンっ子も注目する、ヘルシーかつおしゃれなカフェを紹介します。

Jaja's Low Carb Café Bistro
ヤヤズ

低カロリー&低炭水化物の
ヘルシーなカップケーキ屋さん

優しい甘さのロールケーキやカップケーキ。ショーケースからケーキを選んで、先に会計を済ませるシステム。どれも低カロリーなので、罪悪感なくぺろりと食べられる。ヘルシーなだけでなく、パープルを基調にしたおしゃれな店内も若い女性を中心に人気の理由

お土産屋さんなどが並ぶウィーン中心部のメインストリート Kärntnerstraße（ケルントナーシュトラッセ）から Johannesgasse（ヨハネスガッセ）に入ってすぐという便利な立地。パープルの屋根が目印。ケーキは持ち帰りもできる

　ウィーンでは近年カップケーキが大人気。書店に行けば、カップの付録がついたレシピ本が並んでいるのが目に入る。そんなカップケーキブームとヘルシー志向を融合させて注目を集めているカフェがこちら。小麦粉の代わりに、独自に開発製造した有機アーモンド粉を使った、ローカーブ（低炭水化物）のスイーツを提供。さらに砂糖の代わりにエリスリトール（低糖質の天然甘味料）を使うことによって、低カロリーなのに「甘いものが食べたい！」という気持ちもしっかりと満たしてくれるケーキがそろっている。ショッピングストリートのケルントナー通りのすぐそばなので、買い物の合間、ちょっと甘いものが食べたくなったときに、ついつい立ち寄ってしまうカフェ。

CHECK

オリジナルのケーキミックスや甘味料も購入できる。低カロリーのお菓子を自家製でも

住所　Johannesgasse 9-13, 1010
電話　（0676）9669793
営業　月〜金曜 8:30〜19:00、
　　　土曜 10:00〜19:00（日曜・祝日休み）
URL　http://www.jajas.at/
MAP　P126-C3

Deli Bluem
デリ・ブルーム

いたるところに花があしらわれたかわいい店内。プレートのサイズを選び、デリカウンターで好きなメニューを3〜4点選ぶ。写真の小プレート（6.5ユーロ）でもボリューム満点！

新鮮な野菜がたっぷり食べられる
地元密着のスローフードデリ

　地元の新鮮な野菜を使った料理を手軽に、しかもおしゃれな雰囲気で楽しめると話題のデリカフェ。店内はライトの上に飾られたお花がキュート。平日は8時からオープンしているが、朝はライ麦パンやヨーグルトの朝食メニューが中心。野菜のデリは11時頃から充実してくる。料理はすべて持ち帰りOK。Volkskundemuseum（民族博物館）の中にも支店があり、こちらは中庭のテラス席が気持ちいい。

Check
メニューは野菜の仕入れ状況で変わる。今日のおすすめをホワイトボードでチェック！

住所　Hamerlingplatz 2,1080
電話　(01) 8900449
営業　月〜金曜 8:00〜19:00、
　　　土・日曜・祝日 9:00〜18:00
URL　http://delibluem.com
MAP　P124-B1

HALLE café-restaurant
ハレ

夏はギャラリーの前に大きなテラス席ができる。広場ではスケッチをする人の姿も。料理や食事には摘みたてのハーブがたっぷり。アサイーのデトックススムージーは食べすぎたときの免罪符⁉

現代アートの発信地で
新鮮な野菜料理とスムージーを

　現代アートを扱う「ハレギャラリー」に併設のカフェレストラン。ウィーンの芸術関連施設が集まる、ミュージアムクォーター（MQ）内にある。ベジタリアンレストランではないが、新鮮な野菜やオーガニック食材を使ったメニューが豊富で、内容は季節や食材の仕入れ状況によって変わるのも特徴。アート施設だけでなくおいしい食事処も集合しているといわれるMQの中でも、一番人気のカフェ。

CHECK

MQ入り口付近のインフォ兼ショップには見ているだけでも楽しいアートな雑貨がずらり

住所　Museumsplatz 1, 1070
電話　(01) 5237001
営業　10:00 〜 26:00（料理は〜24:00）
URL　http://www.diehalle.at
MAP　P126-A3

TIAN Bistro im Kunsthaus Wien
ティアン・ビストロ（クンストハウス）

まるで温室の中のように植物が天井から垂れ下がり、曲がった床にカラフルなイスが並ぶ不思議空間。野菜のサンドイッチやホームメイドケーキなど、見た目は素朴でも味は抜群においしい

CHECK
カフェとショップは入館料不要。ショップにはユニークでアートなアイテムがたくさん

有名ベジタリアンレストランの味を
フンデルトヴァッサーの世界で

　建築家で芸術家のフンデルトヴァッサー（P64参照）が自身で設計した美術館が、Kunsthaus Wien(クンストハウス・ウィーン)。そのミュージアムカフェとして、人気ベジタリアンレストランのティアン・ビストロが出店。ぐにゃりと曲がった床、ワクワクするような色づかい、建物と一体になった植物……天才アーティストの刺激的な世界観に浸りながら、ヘルシーな軽食やお茶を楽しめる。

住所　Weißgerberlände 14, 1030
電話　(01) 8909510
営業　月〜日曜10:00 〜 18:00
URL　http://www.tian-bistro.com
MAP　P125-D1

RAW Shop
ロウ・ショップ

花柄や蝶柄のソファやランプがカラフルな店内。看板メニューのスーパーフードスムージーは、ビタミンと食物繊維がたっぷり。お腹にたまるので朝ごはん代わりにも

野菜や果物の酵素をそのままいただく
非加熱のスイーツとスムージー

　ロウ（生）という名前のとおり、植物性の食材を非加熱で調理することによって、酵素をそのまま体に取り込むことをテーマにしたカフェ。砂糖、グルテン、ラクトース、人工着色料や香料は一切使用しないこだわり。メインメニューはスムージーだが、カカオのミネラルをとじこめたロウチョコレートなど、ヘルシーなスイーツや軽食も。ショッピングストリートのMariahilferstraße（マリアヒルファーシュトラッセ）のすぐそば。

CHECK
ヴィーガンメニューがある店に貼ってあるステッカー。ヘルシーカフェの目印になる

住所　Otto-Bauer-Gasse 11, 1060
電話　（01）9671187
営業　火～金曜10:00～19:00、
　　　土曜10:00～17:00（日～月曜休み）
URL　facebook: Raw Shop
MAP　P125-C2

Cafe am Naschmarkt
ナッシュマルクトのカフェ

18世紀から続くマーケットで
エスニックなヘルシーフードを

　ナッシュマルクトは「ウィーン市民の胃袋」と呼ばれるウィーン最大の食品市場。地元の農家から集まる新鮮な野菜や果物のほかに、トルコ系やインド系などエスニックな食材店もたくさん。最近はおしゃれなカフェも急増！

120以上のテントやスタンドがずらり。日の出から日没まで1日楽しめる。スリやしつこい占い師には要注意！

土曜日の朝7時頃からは蚤（のみ）の市が。市内のショップでは出合えないアンティークの陶器やグラスにワクワク

チーズやワインは試食して自分の好みに合うものを選んで。ジャムやピクルスで有名なウィーンのブランド Staud's（シュタウズ）など、お土産の買い物ができるショップも

ネニ *Neni*

ナッシュマルクトに続々と登場しているおしゃれカフェの代表格。中近東料理をアレンジしたメニューが評判。おすすめは、辛さがやみつきになるシャクシューカと、豆やナッツがたっぷりのった濃厚なギリシャヨーグルト。

開店と同時にどんどん席が埋まっていく人気店。料理を一口食べればそれも納得！ 店内にもテーブル席がたくさん。フリーwifiも利用できる

CHECK

オリジナルのアラビック香辛料も販売。卵焼きやスープにかけるだけでエスニック風に！

住所	Naschmarkt 510, 1060
電話	(01) 5852020
営業	月～土曜 8:00 - 23:00（日曜・祝日休み）
URL	http://www.neni.at/naschmarkt
MAP	P125-C2

ナッシュマルクト・デリ　*Naschmarkt Deli*

ミントたっぷりのアイスティーとさわやかに

季節のフルーツとギリシャヨーグルトがたっぷり入った「オーガニック・フルーツ・ミューズリ」が朝の看板メニュー。夜は人気のナイトクラブに。

住所	Naschmarkt Stand 421–436,1040
電話	(01) 5850823
営業	月〜土曜7:00〜24:00（日曜・祝日休み）
URL	http://www.naschmarkt-deli.at
MAP	P125-C2

テヴァ　*Tewa*

ビタミンたっぷりのビオ・ザクロジュース

体と環境に優しいビオ専門のカフェレストラン。オリジナルのビオジュースや、料理に合うビオワインが豊富に取りそろえられている。新鮮な野菜を使ったサラダもおいしい。

住所	Naschmarkt 672,1060
電話	(0676) 847741211
営業	月〜土曜7:00〜24:00（日曜・祝日休み）ラストオーダーは23:00
URL	http://tewa-naschmarkt.at
MAP	P125-C2

オリエント・オクシデント　*Orient Occident*

ハーブとスパイスの香りが食欲をそそる

トルコの家庭料理が味わえるカフェ。揚げたてのシガラボレイ（チーズとハーブの春巻き）に搾りたてのオレンジジュースがつく、ボリュームたっぷりの朝食セットが人気。

住所	Naschmarkt Stand 671, 1060
電話	(01)5871046
営業	月〜土曜日7:00〜24:00（日曜・祝日休み）
URL	http://www.orientoccident.at
MAP	P125-C2

Chapter 5
観光の合間にひと休み
とっておきのカフェ
いろいろ

ハプスブルク家ゆかりの地を訪ねたり、音楽家や文化人の像が並ぶ公園を散歩したり、ショッピングを楽しんだり、美術館めぐりをしたり……。ウィーン観光の合間に、ホッとひと休みできるスポットを紹介します。「カイザーパヴィリオン」(P82)や「美術史美術館内のカフェ」(P84)は、入場料がかかりますが、ウィーンならではの体験ができる、とっておきの場所。厳密には「カフェ」ではないレストランやバイスル（居酒屋）も含まれていますが、いずれも気軽に立ち寄れて、お茶やジュース1杯でも気兼ねなくリラックスできるお店です。

Cafe Gloriette
カフェ・グロリエッテ

美しい宮殿と庭園を一望する
マリア・テレジアが愛したテラス

丘の上のグロリエッテまでは、宮殿の敷地内を走るパノラマバーンを利用できるが、バロック庭園を抜けて丘を登っていくのもいい。見事に手入れされた季節ごとの花を眺めながらゆっくり歩く、ここでしか体験できない特別な時間

1) エリザベートの顔が描かれたチョコがのった「シシィトルテ」。アーモンドビスキュイの上に、オレンジリキュール入りクリームがたっぷり 2) 高い天井と大きな窓が開放的で優雅な空間 3) 王室の歴史に思いを馳せながら飲む「マリアテレジア」は格別

マリア・テレジア一家が愛した夏の離宮、シェーンブルン宮殿。バロック庭園から一直線にのびた丘の上に立つのが、優雅なグロリエッテ。庭園の完成を待つことなく亡くなった夫、フランツ・シュテファンに代わって建築の指揮をとったマリアが、1775年に完成させた。プロイセン戦争の祝勝記念碑であるこのギリシャ様式の建物は、マリアが朝食や休息の場所として、好んで利用していた。中央部は現在カフェになっており、テラスや窓際の席では、庭園や宮殿を眺めながら食事やお茶を楽しめる。土・日曜と祝日の朝9時からは豪華な朝食ブッフェが。平らな屋根は19世紀から展望台として使用されていて、今もマリア・テレジアやエリザベートが眺めたそのままの景色を見ることができる。

CHECK

グロリエッテの展望台は有料で上ることができる。シシィも愛した特別な見晴らし

住所　Schlosspark Schönbrunn,1130
電話　(01) 8791311
営業　9:00～日暮れまで
URL　http://www.gloriette-cafe.at
MAP　P124-A3

Café Restaurant Kaiserpavillon
カイザーパヴィリオン

世界最古の動物園の中にある
マリア・テレジア一家の憩いの場

1759年に建てられたパヴィリオンの中は、ここが動物園であることを忘れてしまうほど圧倒的な美しさ。サーモンたっぷりのシュトゥルーデルはディルソースをかけていただく。ゲシュプリッツァーとの相性もいい。動物園を歩き回った後はアイスカフェが最高

記念日に家族で訪れたり、プロポーズの場所に選ぶ人も多いスペシャルなカフェ。約260年の歴史がある動物園というだけでなく、種の保存や自然保護への貢献度が高いことでも知られる。現在700種8000以上の動物が暮らしている

シェーンブルン宮殿の敷地内にある、世界最古の動物園。マリー・アントワネットの父フランツ・シュテファンによって数秘学を用いて造られ、その中央に位置するパヴィリオンはウィーンの密かなパワースポットとして知られる。壁には動物園設立当時にはコレクションが叶わなかった12の動物の絵が。皇帝一家はここで、窓から動物園の様子を眺めながら、朝食をとったり休憩したりしていたという。フランツの死後、マリア・テレジアによって改修が施され、1779年に動物園が一般市民に公開された後は、このパヴィリオンもカフェとしてオープンし、市民の憩いの場となっている。ゴージャスな装飾に負けず料理もおいしい。パヴィリオンでの食事を目当てに動物園に来る価値は十分にある。

CHECK

広大な宮殿の敷地はパノラマバーンに乗って移動できる。動物園内を回れるルートもある

住所	Schlosspark Schönbrunn,1130
電話	(01) 879355610
営業	1月9:00〜16:30、2月9:00〜17:00、3月9:00〜17:30、4〜9月9:00〜18:30、10月9:00〜17:30、11-12月9:00〜16:30
URL	http://zoovienna-gastro.at
MAP	P124-A3

※動物園の入場料(16.50ユーロ)がかかります

CHAPTER 5 † OTHERS

美術史美術館ミュージアムカフェ

Kunsthistorisches Museum Wien Café & Restaurant

ドーム形の天蓋から光が降り注ぎ、まるで中世の教会にいるよう。濃厚なチーズケーキが、歩き疲れを癒やしてくれる。シンプルながら味にこだわる定番ケーキがそろう

世界で最も美しい美術館カフェで優雅なティータイムを

　オーストリアの歴代君主のコレクションが収められたウィーン美術史美術館。1881年にフランツ・ヨーゼフ１世の命によって建てられ、収蔵作品の素晴らしさはもちろんのこと、ネオ・ルネサンス様式の豪華絢爛な建物自体が、まさに芸術作品！　美術館内にあるカフェレストランは「世界で最も美しいカフェ」ともいわれ、観光客でにぎわっている。毎週木曜日18:30～22:00はスペシャルディナーが楽しめる。（要事前予約）

CHECK
ミュージアムショップも要チェック。美術館の屋上で採れるハチミツはユニークなお土産

住所　Maria-Theresien-Platz, 1010
電話　(01) 508761001
営業　火～日曜10:00～18:00、木曜のみ～21：00（月曜休み、7～8月は無休）
URL　http://www.khm.at/entdecken/angebote/cafe-restaurant
MAP　P126-A3
※美術館の入場料(14ユーロ)がかかります

Leopold レオポルト

野菜やフムスがたっぷりのった「ファラフェル・テラー」は、オーストリアの国民的ハーブジュース「アルムドゥドゥラー」との相性もバッチリ。テラス席は風が吹き抜けて気持ちがいい

シーレのコレクションは世界最大 レオポルト美術館の併設カフェ

　オーストリア現代美術の膨大なコレクションを有するレオポルト美術館。エゴン・シーレやグスタフ・クリムトの名作が数多く展示されている。ウィーン工房の著名な作品がそろっていることでも知られ、見ごたえがある。そこに併設されたカフェがこちら。美術館に入場しなくても利用することができる。ヘルシーなヴィーガンメニューも豊富。店内はモダンな大人っぽい雰囲気で、夜はバーとしてにぎわう。

Check

レオポルト美術館の展示品は、美術愛好家のルドルフ・レオポルトが収集した名作ぞろい

住所　Museumsplatz 1, 1070
電話　(01) 5236732
営業　日～水曜 10:00～26:00、
　　　木～土曜 10:00～28:00
URL　http://www.cafe-leopold.at
MAP　P126-A3

CHAPTER 5 † OTHERS

Sonnentor Wien Landstraße
ゾネントア

お茶はティーバッグタイプが中心で、ネーミングやパッケージもセンス抜群。カフェのテーブルには、お茶やコーヒーと相性のいいスパイスも用意されている

オーストリア・チロル地方発
オーガニックハーブ専門店

　ゾネントアは、天体の運行に従ってハーブを栽培する「バイオダイナミック農法」を採用していることで知られる、オーストリアの人気ハーブティーメーカー。商品は「満月のお茶」や「調和のお茶」など個性的で、ラベルも魅力的。心身のセルフケアのために愛飲している人が多い。ウィーン店の奥にはこぢんまりしたカフェスペースがあり、その日おすすめのハーブティーや、クッキーなどの焼き菓子を楽しめる。

Check
オーストリア各都市に店舗があり、それぞれご当地ティーを販売している。お土産に最適！

住所　Wollzeile 14, 1010
電話　(01)3360339
営業　月〜金曜 9:00 〜 18:30、
　　　土曜 9:00 〜 17:00（日曜・祝日休み）
URL　http://www.sonnentor.com
MAP　P126-D2

Lugeck Figlmüller Wien
ルゲック・フィグルミュラー

自慢のハウスビールとサクサクのシュニッツェルをモダンな店内でいただく。伝統デザート「トプフェンヌーデル」の盛り付けもおしゃれ。トイレのマークにも注目!

超有名店のシュニッツェルを
気軽におしゃれに楽しめる

　ウィーンに来たら一度は食べたい、特大シュニッツェルが有名なレストランFiglmüller(フィグルミュラー)が、モダンなカフェレストランをオープンさせた。本店のすぐ向かいにあり、老舗の味をスタイリッシュな雰囲気で味わうことができる。さらに本店で提供されるアルコールはワインのみだが、ルゲックでは、ハウスビールを売りにしているところもポイント。もちろんケーキやコーヒーだけの利用もOK。

CHECK
インパクトのある本家フィグルミュラーの看板。どちらもネットで事前予約できる

住所　Lugeck 4, 1010
電話　(01) 5125060
営業　月〜日曜11:30〜24:00
　　　(無休)
URL　http://www.lugeck.com
MAP　P126-D1

CHAPTER 5 † OTHERS

Le Bol
ル・ボル

焼きなす、ズッキーニ、アーティチョークなどの野菜の上に、チーズやプロシュートがたっぷりのった本日のおすすめサラダ。ロゼのスパークリングワインと一緒に

現代ウィーンっ子が集まる
パリスタイルのカフェ

　ウィーン市内中心部、ノイヤーマルクト広場にあるナチュラルシックなカフェ。有機野菜をふんだんに使ったサラダや、タルティーヌなどのフレンチメニューが楽しめる。こぢんまりとした入り口なので小さなお店に見えるが、実は奥に長くてテーブル数も多い。お店の前にはテラス席も。ケーキや焼き菓子はもちろん、ランチも人気。オーストリア料理が続いて、ちょっと違う味を楽しみたいときに立ち寄るのもおすすめ。

CHECK
フランスの人気ブランド、クスミティーが飲める。写真はダイエットの味方「デトックス」

住所　Neuer Markt 14,1010
電話　(0699)10301899
営業　月～土曜8:00～深夜、日曜・祝日 10:00～深夜
URL　http://www.lebol.at
MAP　P126-C2

Stadtcafe シュタットカフェ

クリームたっぷりの「カプチーノ・パンナ」。ミルクは豆乳やラクトースフリーも選べる。壁や天井には自然や動物をモチーフにした絵が

現代アートを鑑賞したらこちらで休憩 週末にはビオマーケットも

　バンクオーストリア・クンストフォーラムや、ヤングアート美術館 Moya が並ぶ Freyung（フライウンク）周辺は、美術史美術館（P84）などとはひと味違った、フレッシュな現代アートに触れることのできるエリア。そんな美術館めぐりを満喫した後の休憩場所としておすすめなのがこちらのカフェ。14時までの朝食セットも人気。週末に開催されるビオマーケットも見逃せないイベント。

CHECK
ビオマーケットは目の前の広場で金・土曜日の朝9時から。ビオビールやワインの試飲も

住所　Freyung 1, 1010
電話　(01)205353
営業　月～土曜 8:00～24:00、
　　　日曜・祝日 9:00～22:00
URL　http://www.stadtcafe-wien.at
MAP　P126-B1

Café Pelikan
ペリカン

オーストリアの朝食の定番、カイザーゼンメル。焼きたてを召し上がれ。ふわふわのミルクがのったカフェラテも人気。店内の奥は禁煙

ペリカン柄の看板が目印
運河沿いの和みカフェ

　リンクの端、ドナウ運河のほど近くにある小さなカフェ。店内は静かで落ち着いた雰囲気で、白い壁にオレンジ色のイスがかわいい。平日は比較的すいているので、女性ひとりでも気兼ねなく長居できる。Hausfrühstück（ハウスフリューシュトゥック）はパンにジャムとバター、コーヒーか紅茶がついたシンプルな朝食セット。朝、ドナウ運河沿いを散歩した後、このカフェに寄って朝食をいただく、という楽しみ方がおすすめ。

CHECK

地下鉄U2とU4のショッテンリンク駅の目の前で、各観光スポットへのアクセスも便利

住所　Franz-Josefs-Kai 57, 1010
電話　(01) 5350509
営業　火～土曜 8:00～21:00、
　　　日曜 10:00～18:00（月曜休み）
URL　なし
MAP　P125-C1

Motto am Fluss
モットー・アム・フルス

ベリーやナッツがのったチーズケーキと、フェアトレードのチョコレートドリンク。中からゴロゴロとニンジンが出てくるブルグルサラダは、オーガニックのオリーブオイルとバルサミコ酢をかけていただく

運河を見下ろすテラスが大人気
料理もハイレベル

Fluss（フルス）とは川の意味。その名のとおり、ウィーン旧市街に沿って流れるドナウ運河を見下ろす、抜群のロケーションにあるカフェレストラン。運河からの風を感じながらいただく料理はヘルシーで、味もハイレベル。盛り付けもおしゃれで洗練されている。ケーキは小ぶりでもずっしりと食べごたえのあるものが多い。自家製パンがついた朝食セットも評判。夜は夜景を眺めながらロマンチックに過ごせる。

CHECK
テラス席が人気だが、店内もガラス張りで明るく、旧市街の街並みを眺めることができる

住所　Schwedenplatz 2, 1010
電話　(01) 2525510
営業　月〜日曜 8:00〜26:00
URL　http://www.motto.at/mottoamfluss
MAP　P125-D1

Meierei im Stadtpark
マイエライ（市立公園内）

高級レストランの併設カフェだけに、チーズやワインの品ぞろえが豊富。名物は毎日13時に焼きあがるアプフェルシュトゥルーデル。リンゴの食感がしっかり残る焼き具合でレーズンたっぷり

ウィーン最古の公立公園の中にある高級レストランに併設のカフェ

　シュタットパーク（市立公園）は1862年にできたウィーン最初の公立公園。公園の多い街ウィーンの中でも歴史が古く、記念碑や彫像が最も多いことで知られる。都会のオアシスとして、古くから市民に愛されてきた。そんなシュタットパーク内のカフェがこちら。2階は高級レストラン Steirereck（シュタイアレック）なので、カフェでくつろぐ人もスーツ姿の紳士やウィーンマダムなどが多く、上品で優雅な雰囲気が漂っている。

CHECK
著名人の像の中でも黄金に輝くヨハン・シュトラウス像の前は超有名な記念撮影スポット

住所　Am Heumarkt 2A / im Stadtpark, 1030
電話　(01) 7133168
営業　月～金曜 8:00～23:00、土・日曜 9:00～19:00（祝日休み）
URL　https://www.steirereck.at/meierei/
MAP　P125-D2

Amerlingbeisl アメアリンクバイスル

夏の昼下がりには、緑あふれる中庭のテラス席が断然おすすめ。さわやかな味わいのレモネードや、デトックス・マテグリーンティーなどの自家製ドリンクでリフレッシュ！

中庭のテラスはまるで森の中
アートなエリアの憩いの場

CHECK
店内はシンプルで落ち着いた雰囲気。手のこんだ家庭料理をじっくり味わえる

　バイスルとは居酒屋のこと。ここでは朝食からディナーまでウィーンの家庭料理が味わえるが、カフェとしても使えるお店なのでお茶だけでもOK。お店のあるStiftgasse（シュティフトガッセ）はアトリエなどが多い通りで、ウィーンの新カルチャーの発信地。テラスの奥に地元アーティストによる絵が描かれていたり、店内にはアートイベントのポスターやフライヤーが置かれているなど、アートカフェといった雰囲気も。

住所　Stiftgasse 8,1070
電話　（01) 5261660
営業　月〜日曜9:00〜26:00
URL　http://amerlingbeisl.at
MAP　P125-C2

Gelateria La Romana Wien
ジェラテリア・ラ・ロマーナ

ウィーン店のオープンに合わせて、ザッハートルテ味のジェラートが登場。すっきりした味のビオコーヒーはジェラートとよく合う。広々とした2階席もあり

ヨーロッパ中で人気のジェラート
ザッハートルテ味も登場

　1947年創業、本場イタリアで行列ができるほど評判のジェラート店が、2015年に満を持してウィーンに登場。昔ながらの製法で作られるジェラート、白を基調にしたおしゃれな雰囲気が人気の秘密。何より評価されているのが環境への配慮で、食材は100%ビオ、アイスカップやペーパーナプキンもリサイクル素材が使われている。カフェスペースでは、ケーキの間にアイスを挟んだトルテやクレープなども注文できる。

Check
ナッツやビスコッティなど種類豊富なトッピングも、もちろん全部ビオ！

住所　Stiftgasse 15-17
電話　(01) 5232300
営業　11:00 〜 23:00
URL　http://www.gelateriaromana.com
MAP　P125-C2

Trzesniewski トゥルツェスニエフスキー

ショーケースには常時20種類以上のブロートヒェンがずらり！ひと切れ1.2ユーロとお手軽価格がうれしい。カウンターで指して注文を。オリジナルのリンゴとニンジンのビオジュースも人気

並んでも食べたいソウルフード
オープンパテサンドの専門店

　オーストリアではBrötchen(ブロートヒェン)と呼ばれる、オープンパテサンド。全粒粉の薄い黒パンの上に、卵やツナなどのパテがたっぷりとのせられる。ここは1902年創業の老舗で、駅やショッピングセンターなどにも出店しているので、ウィーンっ子には超おなじみのお店。軽食として大人気でいつも列ができている。全体的に塩気が強いのでおつまみにもいい。カウンターで注文するスタイルのためチップは不要。

Check

赤いパウダーはパプリカなので辛くはない。辛いものはメニューにScharfと書いてある

住所　Dorotheergasse1, 1010
電話　(01)5123291
営業　月〜金曜 8:30 〜 19:30、土曜9:00〜17:00（日曜・祝日休み）
URL　https://www.trzesniewski.at
MAP　P126-C2

✦ Column ✦

オーストリア流 おしゃれなお酒の楽しみ方

ワインとビールをこよなく愛するオーストリアの人々。カフェやレストランではもちろんのこと、自宅や街のマーケットでも、季節や気分に合わせてさまざまな飲み方を楽しんでいます。

Radler ラドラー

スーパーに行くとメーカーも種類もさまざまなラドラーが並んでいる。いくつか買って飲み比べてみるのも楽しい

レモネードを混ぜた甘いビールで、昼間から軽いカクテル感覚で楽しめるさわやかなお酒。「今日は酔っぱらえない、けど飲みたい！」というときにも人気。定番はレモン風味ですが、グレープフルーツやアップルなどミックスのバリエーションは豊富。カフェで注文するとビールとレモネードを別々に持ってきてくれることも。混ぜ方は半々が基本ですが、割合はお好みで。レモン柄のかわいいラベルも大きな魅力。

オーストリアの人々が小さな頃から慣れ親しんでいるハーブ入りジュース「Almdudler（アルムドゥクラー）」。これとビールを割った「Almradler（アルムラドラー）」は、チロリアンが描かれたオーストリアらしい缶で売られていて、お土産にも◎

Sekt ゼクト

スパークリングワインのこと。グラスの中で立ち上がるきめ細かな泡がなんとも上品。特別な日には「デーメル」（P12）や「ゲルストナー」（P21）で売られているスミレの砂糖菓子を入れて薄紫色に染まったゼクトを優雅に楽しむのがウィーン流です。

砂糖漬けを1～2つ入れると徐々に色が変わり、花びらが現れる。スミレの砂糖菓子は店によって砂糖の色やパッケージが異なり、デーメル派？ ゲルストナー派？ それとも自家製派？ とお気に入りが分かれる。ちなみに写真右がゲルストナーで右上の花柄がデーメルのもの

G'spritzer ゲシュプリッツァー

ゾマーゲシュプリッツァーにレモンやミントを入れてさらにさわやかに。ワインが薄くなるぶんアレンジ方法はさまざま。料理にも合わせやすい

白ワインの炭酸水割り。アルコール度数が下がることから、気軽にゴクゴクと飲めるワインとして人気。よく晴れた暑い日も店内に避難せず、シャニガルテン（テラス席）で陽の光をたっぷり浴びながらゲシュプリッツァーを楽しむのがオーストリア流。通常は白ワインと同量の炭酸水を注ぎますが、夏には炭酸水の割合を増やした「ゾマーゲシュプリッツァー」が登場します。

お土産にオーストリアワインはいかが？

スーパーやナッシュマルクト（P76）では、香り豊かなオーストリアワインを日本よりずっと手頃な価格で手に入れることができます。キャップはコルクよりスクリュータイプが多く、オープナー要らず。赤と白の国旗や鷲の国章がデザインされたキャップが、オーストリア産ワインの目印です。

CHAPTER 6
ちょっと足をのばして
ザルツブルクの
カフェ

雄大なアルプスに守られるように中世の街並みが残るザルツブルクは、首都ウィーンとはまた違った独自の文化が息づいています。ウィーンを東京としたら、ザルツブルクは京都といったところでしょうか。ウィーンからは電車で約2時間半。高速鉄道のウェストバーンは清潔な車内でフリーwifiも使えて、意外とあっという間に到着してしまいます。主要スポットは徒歩で回れるコンパクトな街なので、心の赴くままにカフェめぐりも楽しめます。

Salzburg ザルツブルクへのんびり小旅行

> ウィーン西駅から高速鉄道 Westbahn（ウェストバーン）で2時間30分。片道24.90ユーロ〜。出発の日や時間を選べば半額券が購入できることも（ネットで要事前購入）。https://westbahn.at

ザルツブルクの魅力はなんといってもその美しい街並み。歩いているだけで中世のヨーロッパにタイムスリップしたようなロマンチックな時間が過ごせます。せっかくなら宿泊して、カフェもめぐりつつゆっくり観光するのがおすすめですが、訪れる場所を絞ればウィーンからの日帰り旅行も可能です。

旧市街のメイン通りGetreidegasse（ゲトライデガッセ）。中世の時代から受け継がれる装飾看板が有名

川の西側が旧市街。岩山のふもとにいくつもの古い教会や劇場が並ぶ景色はまるで絵本の世界のよう

美しい花が咲くミラベル庭園の先には、ザルツブルクのシンボルであるホーエンザルツブルク城と大聖堂が

モーツァルトを生んだ音楽の都

ザルツブルクといえばモーツァルト生誕の地。黄色の壁が特徴の「モーツァルトの生家」は定番の観光スポットです。7月半ばから8月末まで開催されるザルツブルク音楽祭には世界中のクラシックファンが集まります。

モーツァルト広場の像。モーツァルト本人には全く似てないというウワサも

飾りのついた4階がモーツァルトの生家。見学可能。Getreidegasse 9, 5020／(0662) 844313／9:00〜17:30、7〜8月は8:30〜19:00 ※入場は閉館30分前まで／入場料10ユーロ

音楽祭のメイン会場となる祝祭劇場。併設のショップでは年間通じて、音楽祭の公式グッズや公演DVDを購入することができます

ザルツブルクに行くならぜひここへ

せっかくザルツブルクを訪れるならウィーンとはひと味違った体験を。ガイドブックではあまり詳しく紹介されない、とっておきのスポットです。

子宝に恵まれる「天使の階段」 MAP P127-A1

ミラベル宮殿内の「天使の階段」。手すりの天使像に触れると子宝に恵まれるという伝説があります。階段を上ったところには、モーツァルトも演奏したといわれる「大理石の間」があり、毎日室内コンサートが開催されています。

大聖堂の天使とマリア像の秘密 MAP P127-B4

大聖堂とその前に広がるドーム広場。この建築には、とある仕掛けが。ある地点に立ったときだけ、広場中央のマリア像に大聖堂の天使がちょうど冠を授けているように見える秘密のスポットがあるのです。この場所を見つけて祈りを捧げると幸運がもたらされるといわれています。

12世紀から伝わる修道院のパン MAP P127-B4

Stiftsbäckerei St. Peter（シュティフツ・ベッカライ・ザンクト・ペーター）は、修道院の中にあるパン屋さん。焼き立てをその場でほおばると、ほのかな甘みと深い味わいが口のなかに広がります。Kapitelplatz 8, 5020/(0662) 847898/月〜金曜7:00〜17:30、土曜14:30〜13:00（日・水曜・祝日休み）

教会前の木曜マーケット MAP P127-B-1

毎週木曜日の午前中、ザンクト・アンドレア教会前の駐車場で朝市が開催され、新鮮な食材を求める地元の人々でにぎわいます。ソーセージグリルやパン、ワインなどその場で朝食や昼食代わりに食べられる屋台も人気。魚介のスープが名物。

1542年創業のビアレストラン MAP P127-A3

Sternbräu（シュテルンブロイ）は16世紀から続くビール醸造所。歴史は古いですが、建物は2015年に改装を終えたばかり。ビールも料理も名店の味はそのままに、スタイリッシュで利用しやすいビアレストランになりました。自家製のビールだけでなく、Stiegl（シュティーグル）や Die Weisse（ディ・バイセ）など他店の地ビールも味わうことができます。Griesgasse 23, 5020 / (0662) 842140 / 9:00〜24:00 ※料理は11:30〜23:00 / http://www.sternbrau.com

定番のお土産はコレ

モーツァルトグッズ
アヒルや文具など、街中にモーツァルトグッズが。ピスタチオのマジパン入りのチョコレート「モーツァルトクーゲルン」はザルツブルク銘菓。

塩
ザルツブルクとは塩（salz）の砦（burg）という意味で、かつては塩の流通で栄えた街。市内で塩はとれませんが、近郊のザルツカンマーグートの塩がスーパーなどで買えます。ハーブ入りなど種類も豊富。

Stieglのビール
ザルツブルクの地ビール「シュティーグル」は地元のみならずオーストリア全土でおいしいと人気のビール。スーパーで買えます。

220 Grad
220 グラート

世界中のコーヒー通をとりこにした
絶品エスプレッソが飲めるカフェ

1) 濃厚なクレマがアロマをとじこめる、看板メニューのエスプレッソ。手作りの野菜ケーキなどフードも評判 2) お店のテーマカラーはオレンジ 3) コーヒーとバニラアイスをシェイクしためずらしいタイプのアイスコーヒーとフレッシュサラダ

1) 豆の油分まで余すところなく味わえるフレンチプレスコーヒー 2) バリスタの姿は真剣そのもの 3) 厳選した豆をオリジナルの調合で販売。ここの豆しか買わないという熱烈なファンも多い

　古都ザルツブルクの数々の名店をおさえて、インターネットのカフェランキングサイトでトップに輝く人気店。世界中のコーヒーファンが集まってコーヒー談義に花を咲かせたり、セミナーも開催されるカフェだが、敷居の高さは全くない。観光客や女性ひとりでも気軽に入れるアットホームな雰囲気。コーヒーに詳しくなくても、好みやその日の気分を伝えるとおすすめを教えてくれる。フルーツや野菜を使った優しい甘さのケーキも評判。モダンな店内デザインは、ドイツとオーストリアで近年人気のデザイン集団リーベンバウアーデザインによるもの。観光客の集まる旧市街のメイン通りからやや外れたChiemseegasse（キームゼーガッセ）にある。

CHECK

壁の飾りなど店内の至るところにコーヒー豆をモチーフにしたデザインが施されている

住所　Chiemseegasse 5, 5020
電話　(0662)827881
営業　火～金曜9:00～19:00、土曜9:00～18:00（月、日曜・祝日休み）
URL　http://www.220grad.com
MAP　P127-C4

CHAPTER 6 † SALZBURG

エム32
M32

野菜スティック、ミューズリ、リンゴとニンジンとジンジャーのジュースなどがセットになったVital Frühstück（健康的な朝食セット）。野菜の甘みを感じるニンジンとオリーブオイルのケーキが最高においしくて、リピートしたくなる。寒い日はクリームたっぷりのホットチョコレートを

Check
近代美術館のミュージアムショップは入場無料。個性的なお土産探しにぜひチェックを！

メンヒスベルクの岩山の上に立つザルツ随一の絶景カフェ

　店名のエムはMönchsberg（メンヒスベルク）と併設のMuseum der Moderne（近代美術館）の頭文字。ふもとからエレベーター（片道2.2ユーロ。帰りは無料券がもらえる）で上がるが、景色を楽しみながら岩山の階段を上るのもいい。広々としたテラス席からは新市街と旧市街を一度に眺められる。夜は一転シックなレストランとなり、デートや記念日の食事に利用する人の姿が。混み合う7〜8月はネットで事前予約がおすすめ。

住所　Mönchsberg 32, 5020
電話　(0662) 841000
営業　火〜日曜 9:00〜25:00（月曜休み）
URL　http://m32.at
MAP　P127-A3

Steinterrasse
シュタインテラッセ

川の向こうにはザルツブルクのシンボルの大聖堂、そしてホーエンザルツブルク城が。この景色を見るだけでも行く価値のあるカフェ。ヘルシー朝食セットはスティックにささったフルーツがキュート！

旧市街とザルツァッハ川を一望
人気ホテルのルーフトップカフェ

旧市街と新市街を結ぶシュターツ橋のたもとに立つ「ホテルシュタイン」。橋を渡ればすぐにモーツァルトの生家があるなど、観光に便利なので、ザルツブルク滞在時の宿泊先としておすすめ。屋上のカフェは、世界遺産に登録されている旧市街を一望できるので、観光客にも地元の人にも人気のスポット。ホテルの宿泊客でなくても利用できる。朝食やランチも味は保証付き。夜はバーになり、夜景を眺めながらお酒を楽しめる。

CHECK
朝食は7時から。眺めのいいテラス席から埋まっていくので、がんばって早起きを！

住所　Giselakai 3, 5020
電話　(0662) 874346700
営業　日～木曜7:00～24:00、
　　　金～土曜7:00～25:00
URL　http://www.steinterrasse.at
MAP　P127-B3

103　　CHAPTER 6 † SALZBURG

Schatz Konditorei
シャッツ

ふわふわのクリームがのったカプチーノ。ケーキは定番に加えて、季節によって入れ変わる。ピンクのイチゴケーキは初夏の風物詩。ブーケの形になったモーツァルトクーゲルンなど、お土産用のお菓子もかわいい

ザルツブルクの人たちに特別に愛される「宝物」という名前のケーキ屋さん

旧市街のメインストリート Getreidegasse（ゲトライデガッセ）につながる小道にひっそりと佇むケーキ屋さん。シャッツはドイツ語で「宝物」という意味。1877年の開業以来、ザルツブルクの人々に愛されている名店。強すぎない甘さのケーキは、サイズがやや大きめでもぺろりと食べられる。店内は曲げ木のイスや大理石の丸テーブルなど、典型的なカフェスタイル。白とピンクが基調になっていて愛らしい雰囲気。

CHECK

ゲトライデガッセのこの看板を目印に、裏路地に入っていくと見つけやすい

住所　Getreidegasse 3, 5020
電話　(0662) 842792
営業　月〜金曜 9:00〜18:00、土曜 8:00〜17:00（日曜・祝日休み）
URL　http://www.schatz-konditorei.at
MAP　P127-B3

CHAPTER 6 † SALZBURG

Café Fingerlos
フィンガーロス

イチゴのシュークリームとドラゴンフルーツのトルテに、搾りたてのリンゴ、ニンジン、オレンジのミックスジュースを添えてビタミン補給！

3段重ねの朝食セットが人気
かわいいプチケーキもずらり

　朝はパンにハムとチーズといった定番の朝食メニューのみ、というカフェが多いなか、ここは朝からケーキがショーケースにずらり！迷って決められないときは、プチサイズのケーキをいくつか頼むのもいい。グラーシュなどオーストリア料理も朝から注文OK。店内中央にはヤシの木がそびえ、明るく開放感がある。開店時間が遅めのカフェが多いザルツブルクで、7時半からオープンするので、知っておくと何かと便利なお店。

CHECK

人気の Fingerlos Frühstück（フィンガーロス朝食セット）。ペイストリータイプの甘いパンがつくのが特徴

住所　Franz-Josef-Strasse 9, 5020
電話　（0662）874213
営業　火～日曜7:30～19:30（月曜休み）
URL　http://www.cafe-fingerlos.at
MAP　P127-B1

Cafe Konditorei Fürst
フュルスト

クーゲルやチョコレートは1粒から気軽に買える。ケーキはやはりチョコ系がおすすめ。クーゲルは買いすぎるとスーツケースがずっしりと重くなるので要注意！

「モーツァルトクーゲルン」発祥のお店
チョコやケーキも楽しめる

　今や定番のオーストリア土産となった「モーツァルトクーゲルン」（ピスタチオのマジパンをチョコでコーティングしたお菓子）の元祖がフュルスト。さまざまな会社がクーゲルを生産するようになったが、フュルストのものだけはザルツブルクの直営店でしか買うことができない。そのため観光客や地元の人たちでいつも大にぎわい。そんなこだわりの老舗菓子店のカフェがこちら。2階のほうが比較的すいていることが多く、落ち着ける。

Check
季節や用途に合わせたラッピングも多様。味だけでなく包装もワンランク上のクーゲルに！

住所	Alter Markt, Brodgasse 13, 5020
電話	(0662)843759
営業	月～土曜 8:00～20:00、日曜 9:00～20:00
URL	http://www.original-mozartkugel.com
MAP	P127-B3

Manner
マンナー

カウンター中央にはマンナーにのチョコが流れるチョコレートファウンテン。ホットチョコレートにはオリジナルのクーゲル付き。お菓子だけでなく缶や文具などのグッズも

Check
コーヒーやホットチョコレートはテイクアウトOK。寒い日の観光のお供にぴったり

ウェハースで有名なマンナーカフェがあるのはここだけ！

　1890年創業、オーストリアでは知らない人がいないほど有名なマンナー社のウェハースはお土産にも大人気。そんなマンナーのカフェがあるのは、ザルツブルクだけ。ピンクに囲まれたラブリーな店内で、マンナーのチョコを使ったドリンクやパフェを味わえる。テラス席では、映画『サウンド・オブ・ミュージック』の冒頭に登場する馬の噴水を目の前に眺めながらくつろげる。

住所　Residenzplatz 6, 5020
電話　(0662) 845342
営業　月〜金曜9:00〜19:00、
　　　土〜日曜9:00〜18:00
URL　http://www.manner.com
MAP　P127-B3

Carpe Diem カルペ・ディエム

1) さっぱりとした味わいのベリーのゼリームース 2) 定番のクグロフケーキ 3) お茶の種類も豊富。写真はObstkorb（フルーツバスケット）という名前のフルーツティー

レッドブル社が経営する
自然派がコンセプトのレストラン

　日本でもおなじみの「レッドブル」はオーストリア生まれ。そんなレッドブル社の自然派ドリンクシリーズ「カルペ・ディエム」のコンセプトレストラン。主力商品のKONBUCHA（コンブッハ）は発酵エキスの入った健康ジュース。1階はデザートやフィンガーフードを提供するカフェ＆バーで、2階はハイクラスのレストラン。自然食材の上品な味わい、スタイリッシュな盛り付けやインテリアなど最先端のザルツブルクを感じられる。

CHECK
スーパーでも買えるカルペ・ディエムのドリンク。日本未発売なので話のタネのお土産に

住所　Getreidegasse 50, 5020
電話　(0662) 848800
営業　月〜日曜 8:30〜24:00
URL　http://www.carpediemfinest
　　　fingerfood.com
MAP　P127-A3

Café Sacher Salzburg
ザッハー・ザルツブルク

ザッハーのテーマカラーである深紅で上品にまとめられた空間。ウィーンより観光客も少なめで、静かにゆったりとくつろげる。屋外の席も手入れされた緑に囲まれて気持ちがいい

ザルツァッハ川のほとりでのんびりと
名物のザッハートルテを味わう

　いつでも観光客であふれているウィーンのザッハーに比べて、ザルツブルクのザッハーはシャニガルテン（テラス席）も広く、目の前を流れるザルツァッハ川を眺めながらくつろげる。深夜までやっているので、ディナーのあとデザートを食べに来る場所としてもおすすめ。レストランでは一般的なオーストリア料理のほか、高級ホテルならではのクリエイティブなメニューをそろえているので、旅の記念の特別なディナーに。

CHECK
新聞ホルダーに取り付けられたメニューにはザッハーの歴史やザッハートルテのミニ知識も

住所　Schwarzstraße 5-7, 5020
電話　(0662) 889770
営業　7:30～深夜
URL　http://www.sacher.com
MAP　P127-B2

Cafe am Kai
カフェ・アム・カイ

大きめのカップでたっぷり出てくるホットチョコレート。1杯でのんびり過ごせる。店内は女の子の部屋のようなかわいらしく落ち着く雰囲気

川のほとりでのんびり
のどかなザルツらしさ満点

　カイ（波止場）という名のとおり、ザルツァッハ川のほとりに佇む休憩所のようなカフェ。晴れた日のテラス席では、景色を楽しみながら日光浴して過ごす人の姿が見られる。ザルツァッハの川沿いはサイクリングや犬の散歩、週末にはハンドメイドのマーケットが並ぶなど、ザルツブルクの人たちの憩いの場。カフェ裏手の丘には緑があふれ、歴史ある教会も。コーヒーはテイクアウトができるので、散策を楽しもう！

CHECK
ふわふわプレッツェルを添えたホワイトソーセージ。テラス席で景色も一緒に味わう幸せ

住所　Müllner Hauptstraße 4, 5020
電話　(0664) 1707899
営業　5〜9月は8:30〜20:00、10〜4月は水〜月曜9:00〜19:00（火曜休み）
URL　http://www.cafeamkai.eu
MAP　P127-A1

Bistro Café Pepita
ペピータ

1) 看板メニューの「ペピータ」。スパゲティボロネーゼは、太めのソフト麺に軽めのソースをかけるオーストリア風 2) フレッシュなあんずが丸ごと入ったモチモチのマリレンクヌーデルは絶品！

家族や友人とわいわい過ごしたい
新市街のビストロカフェ

CHECK
フルーツやハチミツなどの飲みやすいグラッパがそろっているので食後にぜひお試しあれ

　新市街にある人気ビストロカフェ。石造りのアーチの先にテーブルやイスが並ぶ。フランスパンを半分に切って野菜やベーコンなどの具をたっぷりのせた「ペピータ」をぜひ。オーストリア料理に飽きてきたり、小腹がすいたとき立ち寄るお店としてもおすすめ。Linzergasse（リンツァーガッセ）は、旧市街とはまた違った個性的なお店が並ぶ通り。近くには86ページで紹介した「ゾネントア」のザルツブルク店が。

住所　Linzergasse 12, 5020
電話　(0662) 230861
営業　月～土曜 11:00～21:30
　　　（日曜・祝日休み）
URL　http://www.bistro-cafe-pepita.at
MAP　P127-B2

CHAPTER 6 † SALZBURG

❦ *Column* ❦
ザルツブルクのおすすめSHOP LIST

お土産を買うだけではなく、長い歴史を感じる建物や看板にも注目しながら歩くのがザルツブルクショッピングの醍醐味。ゲトライデ通りを中心に、個性豊かなお店がたくさんあります。

ザルツブルガー ザイフェンイデーン
Salzburger Seifenideen (石けん)

手作りソープの専門店。オーストリア産の羊のミルクを使ったマイルドな石けんは、香りよし、見た目よしで、プレゼントにも好評です。

Kaigasse 18, 5020 ／ (0662) 842847 ／火〜金曜9:30〜13:00、14:00〜18:00、土曜9:30〜13:00、13:30〜16:00 (月、日曜・祝日休み) ／ http://www.seifenideen-salzburg.at

包装もかわいい！食べてしまいそうなケーキ形石けん

ベルガー Berger (チョコ)

地元の人におすすめのチョコ店を聞くと、返ってくる答えはたいてい「ベルガー」。ウィーンにも支店がありますが、本拠地はザルツブルク州。

Kaigasse 39, 5020 ／ (0662) 844769 ／月〜金曜10:00〜18:00、土曜10:00〜13:00 (日曜・祝日休み) ／ http://www.confiserie-berger.at

口の中でとろける上品な味わい。CDサイズの板チョコが有名

クリスマス イン ザルツブルク
Christmas in Salzburg (オーナメント)

店内手前はイースターエッグのオーナメントでいっぱい！ 奥にはクリスマスの飾りが。おとぎの国に迷いこんだような気分になるお店です。

Judengasse 11, 5020 ／ (0662) 846784 ／月〜土曜9:00〜19:00、日曜・祝日9:00〜18:00 ／なし

卵のデザインは驚くほど豊富。モーツァルトが描かれたものも

ブルーメ＋ドゥフト Blume + Duft (アートフラワー)

花や木の実、クローブなどのスパイスでリースやコサージュを作る「ザルツブルクアート」のお店。部屋に飾ると自然の香りが漂います。

Getreidegasse 7, 5020 ／ (0662) 845779 ／月〜金曜9:00〜18:00、土曜9:00〜17:00、日曜10:00〜17:00 ／ http://www.flowerworld.at

花やスパイスにクリスタルがついたサンキャッチャーも

WIEN INFO
もっと知りたい
ウィーンのあれこれ

2015年、世界で最も住みやすい街に選ばれたウィーン。この街のカフェめぐりは、ただカフェを楽しむだけでなく、その道中で出会う優美な建物や、整備された交通機関、心豊かに暮らす人々との交流を堪能してこそ。ここでは実際にウィーンでカフェめぐりをする際に知っておきたい情報や、より快適に過ごすための豆知識をまとめました。ウィーンは通りの名前や交通機関の乗り換えの表示がわかりやすく、土地勘がなくても歩きやすい街です。用心するに越したことはありませんが、治安もよく、女性旅行客ひとりでも安心して出歩けます。気の赴くままに街を歩き、あなただけのとっておきのカフェを見つけてみませんか？ 心ときめく幸せな時間を過ごせたなら、もう解けることのないウィーンのカフェの魔法にかかっているはずです。

CAFE INFO UND MANIER

カフェめぐりをもっと楽しく

憧れのカフェの聖地を訪れたなら、いろいろなタイプのカフェをはしごして、カフェ文化を満喫したいところ。ここではカフェめぐりに役立つ情報やマナーを紹介します。

お店選びに迷ったら看板をチェック

ウィーンの街はカフェだらけ。看板はお店選びのヒントになる。「Cafe Restaurant（カフェ・レストラン）」はウィーン料理も豊富な食事のできるカフェ。「Konzert Cafe（コンツェルト・カフェ）」では曜日や時間によってピアノやバイオリンの生演奏が聴ける。

外の席が満席！でもあきらめないで店内へ

外から見てシャニガルテン（テラス席）がいっぱいでも満席だとあきらめないで。ウィーンの人たちは屋外が大好き。席はたいがい外から埋まっていく。外は満席でも店内はガラガラ、ということも。

自分で好きな席を選んで空いているテーブルへ

カフェに入ったら案内を待たずに席へ。「Reserviert（予約済み）」の札が出ているテーブル以外、好きな場所に座ってOK。最近は喫煙、禁煙席が分かれているカフェも増えている。

トイレマークはイラストではなくドイツ語表示が多い

トイレには、女性用が「Frauen（フラウエン）」あるいは「Damen（ダーメン）」、男性用が「Herren（ヘレン）」あるいは「Männer（メナー）」と表示されている。D、Mなど頭文字だけの場合も。カフェのトイレは基本的に無料。レストランや街の公衆トイレは、チップが必要なことが多い。

どのカフェにも英語メニューはあるけれど……

メニューにはたいがい英語版がある。ただ、季節限定や本日おすすめメニューが英語版には載っていないことも。ドイツ語がわからなくても、英語とドイツ語両方のメニューをもらって見比べてみるのがおすすめ。

メニューにアレルギー表示があるのも便利

Pancakeはパンケーキじゃない！？

英語メニューでよく見る"Pancake"の文字。ふわふわのホットケーキを期待して注文するとガッカリするので要注意。Pancakeとはフライパンで作るスイーツのことで、ウィーンのカフェではたいてい伝統スイーツの「パラチンケン」（ウィーン風クレープ）の英訳として使われている。

老舗カフェでもフリーwifi完備のお店が多数！

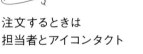

注文するときは担当者とアイコンタクト

ケルナー（ウェイター）やケルナリン（ウェイトレス）は持ち場が決まっている。注文は、担当のケルナー／ケルナリンが取りに来てくれるのを待って。呼びかけるときは「Entschuldigung」（エントシュルディグング／すみません）と言うが、基本的には目配せなどで合図をして、向こうから来てもらうもの。大きな声で呼んだり、席を立って声をかけたりするのはスマートではない。挙手をして呼ぶのはマナー違反。

ウィーンはホテルや街中のwifiホットスポットが充実している。カフェもフリーwifiを完備しているお店が多い。メニューにパスワードが書いてあるお店も。

生クリームたっぷりの コーヒーを飲む裏ワザ

どうやって飲むの⁉というくらい生クリームがもりもりのアインシュペナー。最初にクリームをソーサーに取り分けてしまうのがウィーンっ子の裏ワザ。あとから好みの量の生クリームを戻せばOK。エレガントとは言い難いけれど、街中のカフェではよく見る光景。

皇帝の王冠をかたどった パンが朝食の定番

カフェの朝食メニューはKeisersemmel（カイザーゼンメル）と呼ばれる丸いパンにジャムのセットが定番。これにゆで卵や、ハム＆チーズがつくセットもポピュラー。カフェによっても異なるが、だいたい11時くらいまでが朝食タイム。ちなみにカイザーゼンメルの由来は、カイザー（皇帝）の王冠をかたどった模様をしていることから。

カイザーゼンメルは ナイフで半分スライス

カイザーゼンメルはちぎって食べるよりスライスして食べることのほうが多い。ナイフを使って横半分にスライスして、ジャムをのせたり、ハムやチーズを挟んでいただく。もちもちのパンはおいしいが、外は固くて中がやわらかいので切るのにちょっとコツがいる。パン粉がこぼれるのはご愛嬌。

ゼンメルパンの表面は固め。片手でパンをしっかり持って、はじめにナイフを思い切って入れてから引くようにするとスライスしやすい

支払いはテーブルで
席についたまま
担当者に目で合図

支払いは席で。これも注文時と同様に担当のケルナーかケルナリンに目で合図をして、「Zahlen bitte（ツァーレン・ビッテ／お会計お願いします）」と声をかけると伝票を持ってきてくれるのでテーブルで会計する。お財布を出していると気づいてもらえることも。

カードはたいていの
お店で使用可
チップは現金がベター

クレジットカードはだいたいのお店で使用可。でもチップもカードで払ってしまうと、担当のケルナーやケルナリンのもとには入らない。クレジット払いをする場合は、チップは別に現金で渡すほうが直接感謝の気持ちを伝えられる。

会計はのんびり
時間には余裕をもって

注文を取りに来たり、料理が運ばれてくる時間に比べて、支払いはのんびりしていて時間がかかる。もしコンサートなどの予定があり、時間に余裕がないときは、料理が運ばれてきたときに支払いを済ませてしまうと安心。もちろん支払いが済んだあとでも、ゆっくりくつろいでいてOK。

チップは気分よく
過ごすための
コミュニケーションツール

チップは、合計の金額に対して5〜10％が目安。あくまでも目安なので、あまり細かく考えなくて大丈夫。例えば合計金額が16.30ユーロだった場合、18ユーロを出して「Stimmt so（シュティムト・ゾー／おつりはいりません）」、あるいは20ユーロ出して「2 euro zurück bitte（ツヴァイオイロ・ツールック・ビッテ／2ユーロおつりをください）と言えばOK。もちろん、例えば店内でたくさん記念撮影をしたり、特別なサービスを受けた際には10％よりも多めのチップを払って、気持ちよくお店を出たいもの。

WEITER INFO AUF WIEN

ウィーンライフをもっと楽しく

ウィーンは景色が美しいので歩いての移動も楽しいですが、場所によっては地下鉄や、路面電車、レンタル自転車を利用すると効率的にカフェめぐりができます。美術館やオペラ座など名所もたくさん。石畳の道が多いので、歩きやすい靴が旅のマストアイテムです。

カフェめぐりには
フリーパスが便利

市内の主な交通機関は、地下鉄、路面電車、バス、Sバーン（近郊列車）の4つで乗車券は共通。1回券が2.20ユーロ。カフェめぐりにはこれらが乗り放題のフリーパス（24時間7.60ユーロ、48時間13.30ユーロ、72時間16.50ユーロ）が便利。乗車券やパスはあらかじめ地下鉄の自動販売機で買っておくと便利。近年どんどん乗車券の値段が上がっているので、最新情報はウィーン交通局のサイトで確認を。http://www.wienerlinien.at

ウィーンでは駅に
改札がない!?

駅に改札はない。ホーム手前にある刻印機に乗車券を入れて、打刻する。バスや路面電車を利用する際も、車内にある機械で打刻を。24時間フリーパスを買った場合、打刻した時間から24時間乗り放題。一度打刻したらあとはその券を携帯していればOK。抜き打ちで検札があり、その際に適切な乗車券を持っていなかった場合は罰金となる。くれぐれも打刻を忘れずに。

自転車専用レーンで
快適移動

ウィーンは自転車先進国のひとつ。市内には自転車専用レーンが確保されている。自転車マークの道を歩いたり、この上で立ち止まって写真撮影に熱中したりしていると危険なので注意。レンタル自転車Citybike（シティバイク）の利用も、気候のいい時期のカフェめぐりには便利。
http://www.citybikewien.at

「SPAR」はコンビニではなく便利なスーパー

ちょっとしたお土産や飲み物の購入はスーパーマーケット「SPAR（シュパー）」で。市内に多数店舗あり。おすすめはシュパーのPREMIUM（プレミウム）シリーズ。瓶詰なのにシャキシャキでおいしいホワイトアスパラのピクルスなど、高品質でオーストリアらしい食品やお菓子がそろっている。写真はWien Mitte（ウィーン・ミッテ）駅にある「INTERSPAR（インターシュパー）」。インターシュパーはシュパーの大型店。

住むように泊まれるアパートメントホテル

ウィーン市内には、実際に住居として使われているアパートメントの1室をホテルとして貸し出す、アパートホテルがたくさんある。ホテルのサイトから直接、あるいは、宿泊施設予約サイトbooking.comなどを通して予約し、管理人とコンタクトをとって到着日にカギを受け取るシステムが多い。部屋の中にはキッチンや洗濯機など日常生活ができる設備がひととおりそろっていて、まさに暮らすようにウィーン滞在を満喫できる。カフェで買ってきたケーキを、キッチンで淹れた好みの紅茶とともにのんびり食べたりするのもいい。

多くのショップが日曜・祝日は休日に

基本的にショップやスーパーは日曜・祝日は休み。カフェやレストランも休みになるところがある。オーストリアはキリスト教に関する祝日が多く、年によって日にちが変わる移動祝祭日（カレンダーの※印の日が移動祝祭日）もあるので事前に確認して観光などの計画を。

オーストリアの祝祭日

- 1月1日　新年
- 1月6日　三聖王祭
- 3月下旬～4月中旬　土～日曜　イースターホリデー（復活祭）※
- イースターホリデーの翌月曜（イースター・マンデー）※
- 5月1日　メーデー
- 5月上旬～6月上旬　キリスト昇天祭※
- 5月中旬～6月中旬　聖霊降臨祭※　聖霊降臨祭の翌月曜※
- 5月下旬～6月下旬　聖体節※
- 8月15日　マリア被昇天祭
- 10月26日　ナショナル・デー
- 11月1日　万聖節（諸聖人の日）
- 12月8日　聖母受胎日
- 12月25日　クリスマス
- 12月26日　聖シュテファンの日

写真の「My Place City Center（マイプレイス・シティーセンター）」は1階にフロントがあるホテルタイプのつくりのアパートメントホテル。管理人との待ち合わせなどが不要なので初心者にも利用しやすい。http://www.my-place.at

VIER JAHREZEITEN
オーストリアの四季の楽しみ

カフェのケーキや料理には季節の食材がふんだんに使われます。イースターやクリスマスなどで街の飾り付けも変わるので、目でも季節を楽しむことができます。ここでは季節の風物詩を少し紹介します。

FRÜHLING
3～5月

日が徐々に長くなりはじめ、街中がうさぎや卵などイースターの飾りで彩られる時期。そんなウキウキするこの季節の楽しみはやっぱりホワイトアスパラ。ゆでたり、スープ、クリームコロッケ風など料理はいろいろ。季節限定メニューとして提供するカフェも多い。

SOMMER
6～8月

6～7月はマリレン（あんず）の収穫期。この時期のマリレンケーキやクヌーデルはフレッシュで特別においしい。デーメルなど有名カフェの前に夏限定で登場するアイススタンドも見逃せない。市庁舎前のフィルムフェスティバルなどにぎやかなイベントも多い時期。

HERBST
9～11月

9月はオペラやコンサートの新作がスタートする時期。街には、この時期にしか飲めない発酵途中のワインSturm（シュトゥルム）を屋台やレストランで楽しむ人々の姿が。ホイリゲと呼ばれるワイン居酒屋には、11月11日に解禁されるその年の新酒を求めて常連客が集う。

WINTER
12～2月

11月下旬から市庁舎前や美術史美術館前の広場でクリスマスマーケットが開催される。規模は小さいがかわいらしい白い屋台が並ぶミヒャエル・プラッツ前のマーケットもおすすめ。この時期は冷えた体を温めるグリューワイン（シナモン風味のホットワイン）が必須。

Column

ウィーン カフェヒストリー

「カフェの聖地は一日にしてならず」。憩いの場であるカフェがいつ誕生し、どのように世界に伝わり、そしてウィーンにカフェ文化が根づいたのか。その歴史には諸説ありますが、ちょっと紐解いてみましょう。コーヒーの香りに包まれながら、読み物としてお楽しみください。

世界初のカフェは?

1554年、オスマン帝国の首都コンスタンティノープル(現在のイスタンブール)にカフヴェハーネ(英訳「コーヒーハウス」)が誕生。コーヒーを提供する社交場として人気を博しました。

最初にウィーンでコーヒーを飲んだのは?

1665年にウィーンを訪れたオスマン帝国使節団の大使カラ・マフムト・パシャがオーストリア宮廷関係者にコーヒーをふるまったという記録が残っています。

メランジェが誕生したきっかけは?

コルシツキーがカフェハウスを始めた当時、黒くて苦いコーヒーはウィーン市民に受け入れられませんでした。そこでコルシツキーは試行錯誤し、生み出したのがコーヒーにミルクと砂糖をミックスした「メランジェ」。これが大ヒットしたため、ウィーン市内には次々とカフェが誕生しました。そして市民の間でカフェ文化が育まれていくこととなりました。

※ただし、コルシツキー説は裏付けの根拠に乏しく、本当にウィーン第1号のカフェをオープンしたのは宝石商の息子で、アルメニア人のヨハネス・ディオダートだったという説もあります。

コーヒー豆がヨーロッパに伝わったきっかけは?

1602年、オランダ東インド会社が設立されたことをきっかけに、ヴェネチア商人を介してイエメンからヨーロッパにコーヒーが持ち込まれました。

ウィーンで最初にカフェを始めたのは?

1683年、オスマン帝国がウィーン包囲を行うが失敗。その際にトルコ軍が忘れていったコーヒー豆を、ヨーロッパ諸国のスパイとして活躍していたフランツ・ゲオルグ・コルシツキーが発見し、これをもとにウィーン初のカフェハウスを開業したという逸話があります。

REISE INFORMATION
旅の基本情報

日本からのフライト

日本からの直行便は、オーストリア航空と全日空の共同運航便が毎日運航。フライト時間は成田国際空港から12〜13時間。

時差

日本時間マイナス8時間。サマータイム実施期間はマイナス7時間（3月最終日曜〜10月最終日曜）。

気候

ベストシーズンは4〜9月。夏は日本に比べると乾燥していてさわやか。ただし近年は30度を超え、猛暑となる日も。暑い日でも朝晩は冷えることが多いので、年間を通して長袖は準備しておくと無難。夏の間は21時頃まで明るい。9月後半になると朝晩はだいぶ冷え込むようになり、コートが必要な日も。11〜3月は雪が降る日も多いので、防寒対策をしっかりと。

通貨

Euro（ユーロ、ドイツ語読みはオイロ）とCent（セント、ドイツ語読みはツェント）。€1＝約130円（2015年11月末現在）。

◆チップ

ホテルやレストランの格にもよるが、一般的なカフェやレストランでは5〜10％のチップを支払う。サービス料が含まれている場合も、おつりの小銭程度は残すといい。ホテルのポーターやベルボーイには1〜2ユーロコインを。これはあくまでも目安なので、特別なサービスを受けた場合はこれ以上の心付けで感謝の気持ちを表して。イマイチなサービスだったときはその逆もアリ。

◆両替

円からユーロへの両替は空港、主要鉄道駅、市内の両替所などで可能。レートや手数料は場所によって異なるので事前に確認を。

◆クレジットカード

クレジットカードは多くのホテルやレストラン、地下鉄の自動販売機で利用できる。カフェもほとんどのお店で使用できるが、まれに小さなお店では使えないことや、機械が故障していて使えないということもあるので、手持ちの現金がないときは、念のため事前に確認を。カードで支払う際にはサインに加えて、暗証番号の入力が必要な場合もある。

電圧とプラグ

オーストリアの電圧は230V。携帯やデジカメの充電器は海外併用が増えているが、変圧器が必要なものもあるので、事前に確認を。ヘアアイロンやコテなどに対応できる変圧器は重いので、必需の場合は、海外対応のヘアアイロンを持っていくのが現実的。プラグの形は日本とは異なり、丸ピンが2本の「Cタイプ」の変換プラグが必要。

ビザ

6カ月以内の観光には必要ない。ただし、オーストリア出国時に3カ月以上のパスポートの残存有効期間が必要。また、査証欄の余白が2ページ以上必要。

電話

◆オーストリアから日本へかける場合
国際識別番号００ ＋ 日本の国番号８１ ＋ 最初の０を取った相手先の電話番号
◆日本からオーストリアへかける場合
国際電話会社の番号※＋国際電話識別番号０１０＋オーストリアの国番号４３＋最初のゼロを取った相手先の電話番号
※００１、００３３、００６１など。マイラインの国際区分に登録している場合は不要

空港からのアクセス

空港から市内へのアクセスは、リムジン、Sバーン（近郊列車）、タクシーなどがあるが、おすすめはシティー・エアポート・トレイン（CAT）。空港駅地下ホームからWien Mitte（ウィーン・ミッテ）駅までたった16分。途中停車駅もなし。30分間隔で、シャトル運行している。リムジンバスなどに比べると、12ユーロとやや割高だが、渋滞などで遅れる心配もなく、安心快適。また、帰国時はCAT乗り場付近のカウンターで、搭乗24時間前からオーストリア航空のチェックインが可能。ここで手荷物を預けることができる。

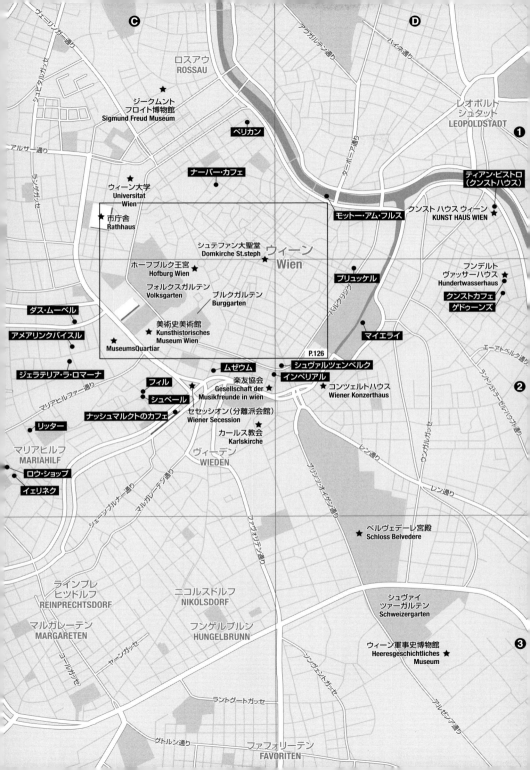

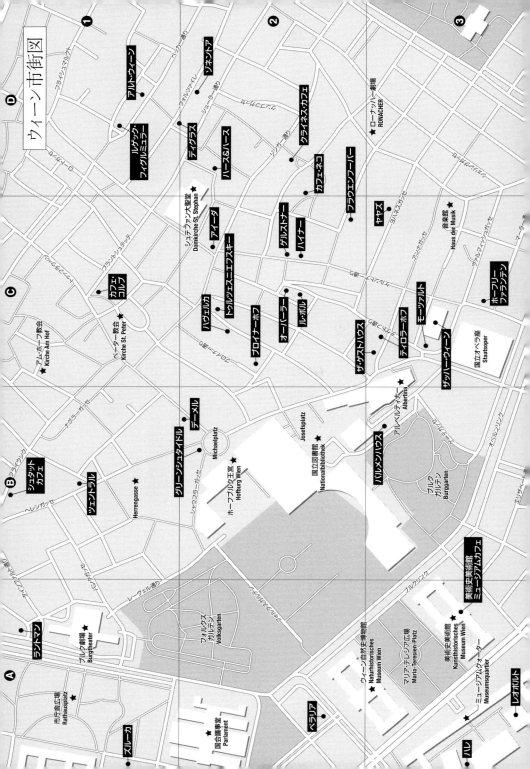

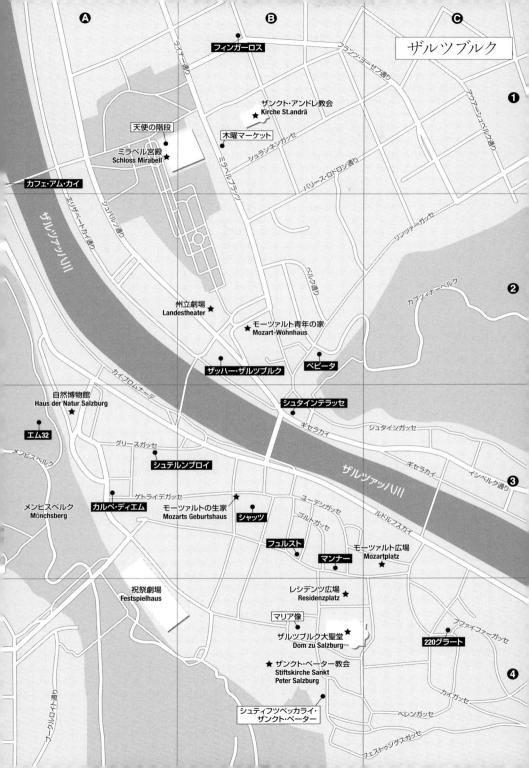

Aya Tsuyuki

1983年生まれ。出版社勤務を経て、夫の赴任先のオーストリアで暮らす。Spitravelガイドシリーズの読者モデル兼レポーターとして、世界各地の聖地を訪問。2015年に帰国後は、執筆や講演で活躍中。オーストリアの文化とカフェ、愛犬のミニチュアダックスぷん太をこよなく愛する。
facebook: ウィーン魅惑のカフェめぐり

Spitravel【スピトラベル】は世界の聖地を中心に紹介するガイドブックシリーズです。本書はその番外編として"カフェの聖地"ウィーンを、Spitravel特派員を務めたAya Tsuyukiがレポートしました。

本書に掲載のデータは2015年12月のものです。

取材＆執筆	Aya Tsuyuki
ブックデザイン	渡辺光子
写真撮影	泉山美代子
	Aya Tsuyuki
写真協力	奥田貴恵 (P5)、東 洋一 (P103)
地図製作	中井裕之
DTP	Lush!
校正	田代敦子
制作協力	高森玲子

Special Thanks
鹿ノ戸義彦、中嶋美紀、佐藤未南子、溝口奈央、
Dominik Schwaiger、Familie Kopp、Victoria Zach

ウィーン　魅惑のカフェめぐり

2015年12月24日　初版第1刷発行

編　者	Spitravel
文	Aya Tsuyuki
発行者	増田義和
発行所	実業之日本社
	〒104-8233　東京都中央区京橋3-7-5 京橋スクエア
	【編集部】TEL.03-3535-2393
	【販売部】TEL.03-3535-4441
	振替 00110-6-326
	実業之日本社のホームページ　http://www.j-n.co.jp/
印　刷	大日本印刷株式会社
製　本	株式会社ブックアート

©Aya Tsuyuki & Jitsugyo No Nihon Sha 2015 Printed in Japan
ISBN978-4-408-11168-1（学芸）

落丁・乱丁の場合は小社でお取り換えいたします。
実業之日本社のプライバシーポリシー（個人情報の取り扱い）は、上記サイトをご覧ください。
本書の一部あるいは全部を無断で複写・複製（コピー、スキャン、デジタル化等）・転載することは、法律で認められた場合を除き、禁じられています。また、購入者以外の第三者による本書のいかなる電子複製も一切認められておりません。